Lembrança do presente

Coleção
HISTÓRIA & HISTORIOGRAFIA

Coordenação
Eliana de Freitas Dutra

Mateus Henrique de Faria Pereira

Lembrança do presente

Ensaios sobre a condição histórica na era da internet

autêntica

Copyright © 2022 Mateus Henrique de Faria Pereira

Todos os direitos reservados pela Autêntica Editora Ltda. Nenhuma parte desta publicação poderá ser reproduzida, seja por meios mecânicos, eletrônicos, seja via cópia xerográfica, sem a autorização prévia da Editora.

COORDENADORA DA COLEÇÃO HISTÓRIA E HISTORIOGRAFIA
Eliana de Freitas Dutra

EDITORAS RESPONSÁVEIS
Rejane Dias
Cecília Martins

REVISÃO
Julia Sousa

PROJETO GRÁFICO
Diogo Droschi

CAPA
Alberto Bittencourt (Sobre fotografia de Verônica Mendes Pereira)

DIAGRAMAÇÃO
Guilherme Fagundes

Dados Internacionais de Catalogação na Publicação (CIP)
(Câmara Brasileira do Livro, SP, Brasil)

Pereira, Mateus Henrique de Faria
   Lembrança do presente : ensaios sobre a condição histórica na era da internet / Mateus Henrique de Faria Pereira ; coordenação Eliana de Freitas Dutra. -- 1. ed. -- Belo Horizonte : Autêntica, 2022. -- (História & Historiografia)

   ISBN 978-65-88239-22-3

   1. História 2. Historiografia 3. Historicidade 4. Internet - Discursos, ensaios e conferências 5. Redes sociais I. Dutra, Eliana de Freitas. II. Título III. Série.

21-84434   CDD-907.2

Índices para catálogo sistemático:
1. História e historiografia 907.2

Maria Alice Ferreira - Bibliotecária - CRB-8/7964

Belo Horizonte
Rua Carlos Turner, 420
Silveira . 31140-520
Belo Horizonte . MG
Tel.: (55 31) 3465 4500

São Paulo
Av. Paulista, 2.073, Conjunto Nacional
Horsa I . Sala 309 . Cerqueira César
01311-940 . São Paulo . SP
Tel.: (55 11) 3034 4468

www.grupoautentica.com.br
SAC: atendimentoleitor@grupoautentica.com.br

Para meu pai, Wagner Túlio.

Uns fatos voltam ao sol da lembrança com a rapidez dos dias para os mundos de pequena órbita. Vivem na memória. Perto do astro-rei, como Vênus e Marte. Há os distantes, como Saturno. Outros, cometas, passam roçando e queimando; depois somem em trajetórias mergulhadas nas distâncias espaciais do esquecimento. Tocam, com suas caudas, galáxias perdidas na mais prodigiosa altura das alturas; voltam novamente, ameaçando arrasar tudo com o rabo de fogo.

(Pedro Nava, *Baú de Ossos)*

SUMÁRIO

Agradecimentos 11

Apresentação 13

Capítulo 1
Tempos da história do tempo presente? História,
historiografia e o presente histórico na era da internet 19

Capítulo 2
Tempos de guerras culturais? Guerras de memória e
Comissão Nacional da Verdade (2012-2014) 37

Capítulo 3
Tempos de popularização da história?
Questões em torno da Wikipédia: 71

Capítulo 4
Tempos de transparência? A transparência atualista,
a guerra de informações e os fundamentos da
Operação Lava Jato 95

Epílogo
Atualizando a lembrança do presente 113

Referências 121

Agradecimentos

Aos amigos e às amigas, que têm acompanhado a minha vida e a minha trajetória acadêmica; aos colegas e às colegas do Departamento de História da UFOP; aos meus alunos e às alunas do curso de graduação e pós-graduação da UFOP, em especial, aos meus orientandos e orientandas pela companhia, pelo companheirismo e o aprendizado.

Em especial, agradeço aos colegas e às colegas do Núcleo de Estudos em História da Historiografia e Modernidade (NEHM-UFOP), da Sociedade Brasileira de Teoria e História da Historiografia (SBTHH), do Comitê Editorial da revista *História da Historiografia*, do Laboratório de Estudos sobre os Usos do Passado (LUPPA-UFRGS) e do Grupo de Estudos Historicidades Democrática (GEHD-UFOP): instituições e espaços fundamentais para a troca de ideias e de experiências que se encontram nos argumentos deste livro. À minha companheira Verônica Pereira e aos amigos Valdei Lopes Araujo, Carol Monay, Mauro Franco, Luiz Antônio Prazeres, Walderez Ramalho, Beatriz Miranda, Mayra Marques, Renan Siqueira, Marcos Sousa, Augusto Ramires, Roberto Vecchi, Lizette Jacinto e Dalton Sanches deixo registrada a minha gratidão por lerem e comentarem algumas versões deste livro. À Eliana Dutra pelo carinho, generosidade e cuidado.

Durante o período em que os textos foram escritos, reunidos e revistos, contei com o apoio de algumas agências e/ou instituições: CAPES, CNPq, FAPEMIG, DEHIS/PPGHIS/ICHS/UFOP, INCT PROPRIETAS, BUAP e Unibo, que foram determinantes para a realização deste livro.

Apresentação

Imagem-lembrança

Imagem 1. Capas *The Economist* (2009, 2013, 2016).

O clima virou. Ao que parece, pouco antes de o Brasil perder a Copa do Mundo de 2014 para a Alemanha, por 7x1. Seguindo o rumo das economias de países centrais, tudo indica que retornamos à viagem improvisada, analisada por Bergson (2012) em seu texto sobre a lembrança do presente. Um dos maiores historiadores brasileiros vivos atesta que, antes de junho de 2013, havia começado a preparar a *atualização* do seu livro sobre a história da cidadania no Brasil e o tom da sua análise era positivo e otimista. Mas, a partir daquele mês, algo mudou: "todos assistimos, bestializados, a essa explosão coletiva de insatisfação" (CARVALHO, 2014, p. 8). A percepção positiva não era apenas dos analistas patrícios. Como exemplo, basta verificar o subtítulo do livro *O Brasil no século XXI: o nascimento de um novo grande* (2006), do francês Alain Rouquié.

As três imagens anteriores, publicadas na revista inglesa *The Economist* e utilizadas como ponto de partida da nossa aventura (uma de 2009, outra de 2013 e a última de 2016), sintetizam bem essa mudança climática.

Os ensaios que apresento neste livro contêm inscrições desses três momentos e pretendem compreender melhor essa e outras transformações do século XXI, por meio da construção de imagens e da reflexão sobre uma problemática fugidia: as possibilidades de temporalização experimentadas em nosso tempo presente. Em outras palavras, procuro refletir sobre estados mais passageiros e configurações mais estáveis da atual experiência do tempo e da história. Tendo em vista certas características atuais e inatuais da percepção e do sentimento de que o futuro supostamente estaria interditado, tenho como intenção (re)articular memória, ética, escrita da história e experiência do tempo, tomando a sério um dos principais acontecimentos da nossa época: a internet.

Nesse sentido, os textos procuram compreender, explicar, descrever e interpretar *deslocamentos* de nossa compreensão do fenômeno e do enigma da memória, da história e do tempo. Os ensaios aqui presentes podem ser entendidos como meditações em torno de deslocamentos contemporâneos, cujo objetivo é construir cenas, enfatizando histórias e memórias visíveis e invisíveis, racionais e irracionais, públicas e privadas, populares e científicas, materiais e imateriais. A reflexão que se desenrola, ao longo do livro, se orienta por uma questão transversal: experimentar a história e o tempo na era da internet implica reconceitualizar e repensar nossas concepções de tempo, história, representação e narração?

Para atingir esse objetivo, foi preciso conectar história, historiografia e historicidade. Três termos, três estratos do fenômeno histórico (CARVALHO, MENDES, RAMALHO, 2018). Em outras palavras, foi necessário mergulhar em nossa condição histórica atual, entendida como a articulação entre o discurso sobre a historicidade e o discurso da história (RICŒUR, 2007, p. 393). Cada ensaio é uma busca experimental por desenvolver essa dobra, isto é, como a história e o histórico se apresentam, interagem, enredam, atualizam e entram em nossas vidas (CARR, 2014). Trata-se, assim, de dar consequência e desenvolvimento à proposta de uma história da historiografia como analítica da historicidade (ARAUJO, 2013). Busco, desse modo, estabelecer relações entre a história vivida e a narrada, mediadas pelo meu olhar individual (homem branco, classe média, 43 anos, professor universitário) e também como membro de certas comunidades: profissional (historiador), regional (sudestino) e nacional (brasileiro), dentre outras.

Segundo alguns autores, quatro possíveis fenômenos marcam e atravessam a condição histórica atual: determinada experiência do tempo e da história, que implica um rompimento ou questionamento da experiência moderna; a difusão da internet e o desenvolvimento da cultura da virtualidade real; a crise das democracias representativas, enfocadas aqui por intermédio das guerras de memória e/ou culturais e das dificuldades de elaborarem sua história recente; e a crise (ou questionamento) de um tipo de escrita da história, em grande medida hegemônico, nos séculos XIX e XX. Ao longo de todo o livro, discuto e problematizo esses quatro diagnósticos relativos ao nosso tempo presente.

No primeiro ensaio, enfatizo mais detidamente a *escrita* da história sobre o tempo presente e algumas das condições que possibilitaram seu desenvolvimento, desde fins dos anos 1970. Analiso as razões que teriam possibilitado a consolidação da história do tempo presente e procuro, ainda, pensar sobre a relação entre a memória, a experiência do tempo e a expressão *tempo presente*, difundida e instrumentalizada em vários lugares do mundo, com destaque para a França e o Brasil, e finalizo apontando as vantagens e os desafios dessa história.

No segundo ensaio, analiso a historicidade na era da internet por meio de uma das formas atuais por excelência de temporalização: as guerras de memória e/ou culturais *on-line* em torno do passado-presente autoritário e da herança de violações de direitos humanos. Abordo os possíveis efeitos indiretos e não previstos da presença da Comissão Nacional da Verdade (2012-2014) no Brasil. Considerando-se o jogo entre inscrição e não inscrição, procuro recuperar algumas guerras de memória e/ou culturais e imagens que circularam na internet sobre a nossa última ditadura. Argumento que, durante esse período (2012-2014), ocorreram, simultaneamente, dois processos contraditórios: um aumento da negação e/ou revisionismo em relação ao último período autoritário; e o desenvolvimento de uma inscrição frágil, bem como as dificuldades do perdão. Busco, assim, compreender e elucidar as estruturas, as permanências e as atualizações de práticas, lógicas e pensamentos de matizes autoritários no Brasil.

No terceiro ensaio, destaco aspectos das atuais transformações da escrita contemporânea e apresento algumas considerações sobre o uso da internet em nossa historicidade atual, tendo como fonte e objeto a Wikipédia. Nesse caso, a autodenominada enciclopédia livre é utilizada para verificar se a função autor é abolida, deslocada ou mesmo desestabilizada. Além disso, verificamos se haveria também a substituição de um registro perene de informações pela lógica da contínua sobrescrita. Com o objetivo de refletir sobre esses dois aspectos, destaco como exemplo, que, nessa fonte de experimentação da escrita contemporânea, há uma mutação importante da figura autoral, que é diversa daquela dos *blogs,* nos quais as noções de autoria e de propriedade intelectual estão mais próximas daquelas do suporte impresso.

No último ensaio, discuto alguns dos fundamentos de nossa atual condição histórica, a partir da análise dos limites de um dos conceitos mais mobilizados em nosso tempo: a transparência. Para isso, utilizo como pano de fundo referencial alguns pressupostos das ações político-judiciais da Operação Lava Jato, em especial, até o ano de 2017, com o objetivo de compreender como certas temporalizações atualistas alimentam a repetição com novidades de escândalos políticos e midiáticos. Procuro, assim, destacar o lugar que a exposição tem adquirido em nosso tempo, bem como os impactos da atual pressão do tempo na recomposição e/ou diluição da fronteira entre o segredo e a publicidade.

A confecção destes ensaios, escritos, reescritos e atualizados em mais de uma cidade, em mais de um estado, em mais de um país e em três continentes, foi marcada pela agitação pessoal e profissional, que caracterizou a minha vida e o Brasil nos últimos anos. Nessa experiência privilegiada, quase sempre, por sorte, escrevi em uma mesma máquina, "concebida como memória simulada e armazenada" (cf. ASSMANN, 2011, p. 20). Quando eu finalmente começar a utilizar a nuvem, quem sabe diminua a minha dependência e o meu apego por esse meu velho computador.

Além disso, mas também a partir dessa experiência, uma questão que se impôs durante as idas e vindas da vida e da escrita foi: quais os sentidos para mim, como historiador do tempo presente, há em compreender, explicar, descrever, perceber e interpretar a emergência de uma configuração histórica diversa e/ou nova? A lógica dualista, em geral, concentra-se em polos opostos: de um lado, o da retórica da perda e da nostalgia restauradora; e, de outro, o da retórica da apologia e da consagração. O desafio esteve, todo o tempo, na construção de uma abordagem para além das lógicas caricaturais (e reais) descritas e analisadas em um livro de Umberto Eco, publicado em 1964: *Apocalípticos e integrados* (2008).

Os ensaios aqui apresentados vão sempre começar com uma imagem-lembrança e o objetivo é criar uma lembrança do presente que se contraponha ao falso reconhecimento.[1] Esse ponto de partida pode ser considerado, ao menos inicialmente, como um caso, isto é, um problema que conclama uma solução e que possibilita uma nova reflexão e novos desdobramentos. Dado o caráter *ensaístico* dessas meditações, procuro intensificar a conexão entre teoria e empiria, entre reflexão e prática historiográfica. Nesse sentido, considero as fontes do mundo social e intelectual no mesmo nível, isto é, como *acontecimentos*. Não existe, desse modo, uma história (social, econômica, intelectual, conceitual, etc.) mais real do que outra. Os textos aqui utilizados criam acessos privilegiados a camadas de nossa atual condição histórica. Em outras palavras, às maneiras plurais, hegemônicas e contra-hegemônicas pelas quais temos experimentado, concebido e prefigurado a temporalidade. Nessa concepção, a compreensão do sentido de um enunciado não tem como foco apenas o que se disse (conteúdo semântico das ideias), mas também quem, como, onde, a quem e em que circunstâncias disse (cf., em especial, ARAUJO, 2013; PALTI, 1998; AVELAR; FARIA; PEREIRA, 2012; REVEL, 1998; PASSERON; REVEL, 2005).

Essas perspectivas em história da historiografia, teoria da história e história intelectual foram fundamentais para interpretar alguns dos modos/formas de atualizar os personagens principais do nosso enredo: a memória, o presente, o tempo e a experiência *histórica*.

Puebla, México, 01/09/2021.

---

[1] No epílogo desenvolvo e sintetizo minha interpretação e extrapolação da reflexão bergsoniana sobre a lembrança do presente e o falso reconhecimento. De todo modo, deixo registrado que, para Bergson (1999, p. 158), em *Matéria e Memória* [1896]: "uma lembrança, à medida que se atualiza, sem dúvida tende a viver numa imagem; mas a recíproca não é verdadeira, e a imagem pura e simples não me remeterá ao passado a menos que tenha sido de fato no passado que eu tenha ido buscar, seguindo assim o progresso contínuo que a levou da obscuridade para a luz".

CAPÍTULO 1

Tempos da história do tempo presente? História, historiografia e o presente histórico na era da internet

Imagem-lembrança

Imagem 2. Banksy, Southampton, 2010.

Que razões teriam possibilitado a consolidação da prática de uma história do *tempo presente* e dessa expressão em detrimento de outras, tais como história contemporânea, imediata, do passado próximo ou do tempo vivido? As reflexões acerca do conceito de *tempo presente*, difundida e instrumentalizada em diversos lugares, se desenvolvem, aqui, à luz dos debates sobre os impactos da internet na escrita da história e nas atuais transformações da experiência do tempo.

Considerações iniciais sobre a condição histórica na era da internet

Conforme afirmado na "Apresentação", ao longo deste livro pretendo discutir e problematizar hipóteses e diagnósticos diversos sobre o nosso tempo presente. Para Manoel L. Salgado Guimarães (2007, p. 28), por exemplo, uma mutação importante em nossa relação com a temporalidade diz respeito a um passado que não passa e cuja recordação se impõe politicamente. Seria preciso interrogar qual o lugar da disciplina História em um tempo que flerta com a sedução de uma história *on-line*. Uma solução para essa crise seria inserir o trabalho de narrar o passado na tradição da cultura da recordação, pois a escritura foi, por muito tempo, o meio, por excelência, da recordação, considerada a forma mais segura de proteger as lembranças da destruição do tempo. Mas é preciso destacar que essa é uma concepção ocidental de memória, pois várias tradições culturais, como a dos povos ameríndios, por exemplo, mantêm outras relações com o tempo por meio da oralidade, do corpo e do espaço, entre outras possibilidades.[2]

Tendo em vista a importância da escrita para a memória cultural do chamado ocidente, Assmann (2011, p. 441) pergunta se a escrita digital segue como um meio de memória, ou se seria, melhor dizendo, um meio de esquecimento. A autora questiona se escrita digital dissolve a imagem de um espaço de recordação. Nessa mesma direção, mas em um sentido mais

---

[2] Sobre essa questão, destaco, com alguns colegas, dois pontos importantes: o primeiro diz respeito ao fato de que o primado da oralidade em determinadas culturas nos leva a refletir com mais cuidado sobre as relações de poder implícitas ao conceito moderno de história de matriz europeia (SANTOS; NICODEMO; PEREIRA, 2017, p. 181). O segundo está ligado à dimensão performativa e efêmera de alguns atos de memória (ABREU; BIANCHI; PEREIRA, 2018, p. 294).

abrangente, Hans Gumbrecht (2011) acredita que pode haver uma relação direta entre a emergência das tecnologias digitais e a nossa experiência contemporânea do tempo. Para ele, em grande medida, por força das novas tecnologias, com destaque para as eletrônicas, não deixamos mais o passado para trás, visto que o presente estaria constantemente inundado com materiais do passado. Nesse presente amplo de simultaneidades, haveria condições de sermos contemporâneos de mais coisas do que éramos no passado.

Esse é o contexto de criação do direito de ser esquecido como parte dos direitos humanos, sancionado, por exemplo, pela Corte da União Europeia em 2014. A legislação europeia permite o pedido de remoção de *links* defasados ou irrelevantes dos mecanismos de busca. Apenas para mostrar a importância dessa legislação, destacamos que o buscador Google recebeu 91 mil pedidos de remoção entre maio e julho de 2014.[3] O direito ao esquecimento acaba por criar um tipo de memória editável, em que o critério de veracidade está diretamente relacionado ao da exposição ao olhar dos outros (SIBILIA, 2018). Ao mesmo tempo, apresenta-se uma possível mutação da função do historiador, "de um saber que procurava evitar o esquecimento para um saber que produz e é produzido em função do esquecimento" (BENTIVOGLIO, 2014, p. 393).

Podemos inferir que uma lei que obriga ou comanda o esquecimento só faz sentido em um mundo onde não deixamos mais o passado para trás, isto é, onde o passado não passa? Sob o prisma de um futuro bloqueado, viveríamos, paradoxalmente, aprisionados em um presente repleto de passado (GUMBRECHT, 2011)? Uma imagem-síntese dessa percepção pode ser vista no grafite de Banksy, *NO FUTURE*, apresentado como ponto de

---

[3] A questão tem mobilizado debates e batalhas judiciais em diversos países do mundo. Disponível em: https://bit.ly/3izr1cN. Acesso em: 06 out. 2021.

partida para esta discussão. Provavelmente, trata-se de uma citação indireta da canção "God Save the Queen", do grupo punk Sex Pistols, de 1977.[4] Ao que parece, e segundo essas análises, teríamos perdido a capacidade de imaginar e agir para construirmos futuros substancialmente distintos, isto é, qualitativamente melhores do que o presente.

Nessas descrições, o futuro parece alternar ou combinar duas imagens: a de fechamento e a de ameaça. Mas, será mesmo que o grande predomínio da memória e do testemunho no espaço público e na pesquisa especializada colocaria em questão a própria capacidade do saber histórico de elaborar determinados passados? É o próprio conceito moderno de história que está sendo questionado? (cf. HARTOG, 2013; SEIXAS, 2001).

Bevernage (2012) contribui para superar o impasse, ao indicar dimensões do passado e da memória que permanecem e nos assombram. Segundo o autor, as demandas por justiça em relação a crimes do passado desafiam cada vez mais os historiadores e os obrigam a rever seus conceitos e categorias, já que o discurso histórico tem se mostrado incapaz de transformar o passado irrevogável em irreversível ou, em outras palavras, de criar distância entre passado e presente. Entram, portanto, em colisão duas concepções e experiências do tempo: uma, a da história moderna, que pretende separar passado e presente, afirmando a superioridade do segundo; e, outra, a da memória, que insiste na simultaneidade entre passado e presente. Nesse sentido, determinados passados não passam, pois não são do passado, no

---

[4] "Não deixe que digam o que você quer / Não deixe que digam do que você precisa / Não há futuro / Nenhum futuro, nenhum futuro para você" [Tradução livre]. O álbum original chamado *Spunk* (1977) foi copiado e pirateado imediatamente após o lançamento. Uma das variantes do disco se chamava justamente *No Future UK?*. Não deixa de ser interessante para nossa investigação que o título do álbum, ao contrário do graffite, esteja em forma interrogativa.

sentido de que a dor produzida não é curada pela historiografia e pela justiça. Nessa perspectiva, o passado das vítimas (irrevogável) não é inferior ao dos historiadores (irreversível).

Em certo sentido, o que está em questão é a própria ideia moderna de passado, o que implica compreender melhor "o duplo significado do adjetivo e substantivo 'passado': não se trata simplesmente do que se passou, se foi e se apagou, mas também e, simultaneamente, o que resta daquilo que terminou nas dobras do presente e do futuro" (GAGNEBIN, 2013, p. 153 e DE CARVALHO, 2017).

Tendo em vista tais discussões contemporâneas, nos próximos itens procuro historiar sobre como a subdisciplina história do tempo presente se constituiu, em particular na França, e como tem enfrentado as questões aludidas. O caso francês foi escolhido por ter sido o modelo principal para a historiografia brasileira que se debruçou em temas relacionados à contemporaneidade, em especial, entre 1980 e 1990 e na primeira década do século XX.

Breve história francesa da *história do tempo presente*

O desenvolvimento da pesquisa histórica, ao longo do século XX, permitiu superar o corte radical entre passado e presente, construído em fins do século XIX pelos historiadores profissionais, com o objetivo de justificar suas competências de especialistas. Para eles, recusar o estudo do mundo contemporâneo era uma forma de evitar que fossem confundidos com historiadores amadores (NOIRIEL, 1998). "Sobre o pano de fundo da aceleração", escreve Reinhart Koselleck (2006, p. 59), "pode-se compreender mais facilmente também porque [ao longo do século XIX] a escrita da história contemporânea, a 'crônica do tempo presente', foi para segundo plano, assim como porque a *Historie* renunciou sistematicamente a uma atualidade que se deixasse progressivamente modificar" (cf., também, CEZAR, 2004).

Para superar esses desafios, Marc Bloch propôs compreender, de modo dialético, o passado pelo presente e o presente pelo passado. Essas reflexões possibilitaram que os historiadores construíssem, com certa liberdade, outras categorizações da temporalidade. Porém, grande parte dos que se alinharam aos fundadores da Escola dos Annales desinteressou-se, posteriormente, pela história contemporânea, por julgar que esse tipo de história se limitava ao factual. Foi somente após o término da Segunda Guerra Mundial que o interesse pela história recente foi retomado, ganhando, especialmente na França do final dos anos 1970, legitimidade como *história do tempo presente*.

O emprego institucional da expressão se deu quando, nos anos 1978-1979, o Centre National de la Recherche Scientifique (CNRS) decidiu criar um laboratório para o estudo dos últimos decênios: o Institut d'Histoire Du Temps Présent (IHTP). Interferiu de algum modo na escolha do nome do novo instituto a existência de outro laboratório criado na mesma época que optara pelo termo contemporâneo: o Institut d'Histoire Moderne e Contemporaine (IHMC). O quadro cronológico para o estudo do tempo presente é definido pela possibilidade de se recorrer ao testemunho oral como fonte. Essa presença de testemunhas vivas impõe uma fronteira difícil de estabelecer o que se considera ser o momento presente, ou seja, a atualidade, e o instante passado (Garcia, 2010).

Em 1996, François Bédarida lembrava que, dada a estreita ligação entre a ideia de história contemporânea e a Revolução Francesa, era preciso buscar um conceito de presente mais alargado, que fugisse ao imediato e ao instante: "nossa prática no IHTP foi de considerar como *tempo presente* o tempo da experiência vivida. Retomamos, desse modo, o verdadeiro sentido do termo *história contemporânea*, a saber: a experiência da contemporaneidade" (Bédarida, 2003, p. 64). Pode-se afirmar que uma dimensão comum às diversas histórias do tempo presente, nesse sentido, é a centralidade da questão da memória, mesmo que tomada sob múltiplas perspectivas.

História do tempo presente, distância e plasticidade

Há, de fato, certas dificuldades em relação à perspectiva temporal curta, uma vez que o historiador escreve utilizando, também, a sua memória e a de outros contemporâneos. Mas, mesmo que o presente seja entendido como um período flexível, construído pelas lembranças de vivos, seria necessário atribuir-lhe um fim, uma data de término, para que se possa instaurar um corte entre passado e presente, sem o que a história se confundiria com os dias atuais? Sem esse corte, não seria possível delimitar o lugar dos mortos a fim de dar lugar aos vivos. Para Ricœur (2007, p. 456), a história do tempo presente instala-se em uma fronteira em que se esbarram a palavra das testemunhas vivas e a escrita. Esse tipo de escrita pode ser, dessa forma, "um ato de cidadania destinado a ajudar seus contemporâneos a passar do exorcismo sempre inacabado ao trabalho de memória, do qual não se deve esquecer que também é um trabalho de luto" (RICŒUR, 2007, p. 457).

Nessa perspectiva, o historiador do tempo presente precisa trabalhar com um conceito de distância mais flexível e menos dogmático justamente, como defendo, por meio da metáfora do jogo, ora afastando-nos do passado, ora presentificando-o por meio dos sentidos construídos pelos relatos históricos com vistas à abertura de futuros possíveis.[5] É preciso acrescentar que o tempo presente é igualmente o lugar de um trabalho de

---

[5] Cf. Philips, 1997. Agamben (2009) introduz o jogo da distância e da proximidade para se pensar e viver o contemporâneo de modo bastante claro: "a contemporaneidade, portanto, é uma relação com o próprio tempo que adere a este e, ao mesmo tempo, dele toma distância" (p. 59).

esquecimento. "O esquecimento nos conduz ao presente", escreve Marc Augé na conclusão de *Les formes de l'oubli*, "mesmo se ele se conjuga em todos os tempos: no futuro, para viver o (re)começo; no passado, para viver o retorno; em todos os casos, para não repetir" (AUGÉ, 1998, p. 122).

Em seu processo de institucionalização, a história do tempo presente, em diversas partes do mundo, procurou superar e se aproveitar das aporias próprias ao conceito de presente histórico. Diante das dificuldades de construção de um distanciamento crítico, ela respondeu com a valorização de uma vigilância ética do historiador; mediante a falta de arquivos abertos, beneficiou-se da abundância das fontes contemporâneas; por fim, com relação à ignorância do amanhã, apresenta-se como oportunidade para desfatalizar a história (DELACROIX, 2004).

Por sua vez, Krzysztof Pomian (1993, p. 221), ao analisar a escrita da história, mostra que há três tipos de discursos acerca dos eventos: o primeiro, incide sobre os que se produzem na esfera da visibilidade comum, no que se refere aos autores e aos leitores do discurso; o segundo, sobre os que se produzem na esfera de visibilidade dos autores do discurso, mas que, para os leitores, pertencem ao campo do invisível (a situação poderia ser inversa também); e, o terceiro, sobre os que pertencem ao campo do invisível, tanto para os leitores quanto para os autores. Derivam daí três tipos de história: história contemporânea, história do passado próximo e história do passado remoto.

Poderíamos dizer que os dois primeiros discursos fazem parte, mais diretamente, do tempo presente, sendo que o primeiro é cheio de previsões e antecipações para se compreender a história em curso. Um aspecto prático é a impossibilidade de se consultar livremente os arquivos que, muitas vezes, ainda estão em constituição. Mas, é preciso já fazer a objeção que a internet resolve parte desse problema, pois ela é, em potência, um arquivo infinito, imaterial e imediato do nosso presente, na medida em que o documento é armazenado, ao mesmo tempo em que é publicado, o que não acontece com os arquivos físicos. A lei do direito de ser esquecido coloca bem a questão, como foi argumentado.

O segundo já deixa perceber certa cristalização do evento, isto é, certa ideia de fim. Nos dois casos, há algum tipo de simultaneidade, hibridação e atualidade, em um jogo que passa mais pela elaboração do que pela cronologia. Nesse sentido, poderíamos pensar em um *tempo presente* mais elaborado e em um *tempo presente* menos elaborado? E, sendo assim, a experiência histórica vivida em vários níveis, como durante o Estado Novo, por exemplo, estaria mais elaborada do que a da Ditadura Militar?

Mesmo que a passagem do tempo cronológico seja importante (mas não determinante), haveria inevitavelmente uma relação dialética – ou mesmo um jogo – entre essas formas de elaboração e rememoração do passado no interior das camadas do tempo presente. De todo modo, não foi por acaso, também, que o reformismo fraco do lulismo, muitas vezes comparado a aspectos do nacional-desenvolvimentismo de 1945-1964, apoiou-se em uma visão de história atualista, mas, também, revolucionária, sendo uma de suas marcas a repetição da frase "nunca antes nessa história!",[6] reiterada inúmeras vezes pelo presidente. Uma questão que fica em aberto é saber até que ponto a internet, como arquivo que produz armazenamento de forma quase instantânea e de difícil apagamento, não embaralha essa distinção entre um presente mais ou menos elaborado e rememorado.

De todo modo, quero enfatizar que *tempo presente* é uma expressão que permite apreender e compreender estratos temporais do contemporâneo muito diversos e plurais, considerando-se,

---

[6] Agradeço a Marcelo Abreu, amigo e historiador, por ter me chamado a atenção para esse fato.

sobretudo, a ambiguidade intrínseca ao conceito de presente histórico. Eis aí uma dimensão que deve ser levada em conta para se entender o sucesso e a força da expressão. Tendo em vista suas duas dimensões extremas, como destacaremos, há uma natural plasticidade na denominação *tempo presente* em detrimento de história contemporânea, imediata, do passado próximo ou do tempo vivido. Importante ressaltar que essa plasticidade não significa, *per si*, falta de rigor.

Desafios para uma história do tempo presente

É provável, como se quer mostrar aqui, que a utilização da categoria *presente*, para nomear um tipo de escrita da história, tenha estreita relação com a difusão e a experiência de uma percepção de transformações do conceito moderno de história e de nossa forma de experimentar o tempo. Essa percepção é atravessada por lógicas derivadas do atual desenvolvimento do capitalismo de vigilância, da mídia e de modos de vida hegemônicos com seus poderes de *prever* o futuro por meio do rastreamento dos nossos dados (ZUBOFF, 2019). Não sem razão, o subtítulo do livro de Zuboff é *a luta por um futuro humano na nova fronteira do poder*.

Nesse contexto, nos perguntamos: como a história, cuja preocupação acurada recai sobre o presente histórico, poderia nos ajudar a viver, pensar e agir de forma mais complexa? Uma possível resposta a essa questão passa por um maior engajamento ético e político da historiografia em geral, com destaque para as histórias do tempo presente e pública, sobretudo, por suas possibilidades de trabalhar diretamente com vítimas, testemunhas e agentes. Mas, esse é um desafio para todos os tipos de escrita da história, em particular para uma história constantemente confrontada na sua função política e social e, principalmente, em relação às questões relativas à responsabilidade e à ética (RANGEL; ARAUJO; 2015). Em uma sociedade marcada pelo consumismo, pela alienação e pelo narcisismo, uma das nossas dificuldades, como seres humanos, cidadãos e historiadores, é a de sermos também *contemporâneos*.

Discutir – com a perspectiva aberta pela ideia de trabalho de memória, luto e esquecimento – os efeitos, no passado e no presente, de determinados traumas de nossa história (a escravidão, a colonização, as ditaduras, entre outros) implica atentar-se para a dimensão cívica, ética, política e social do historiador, seja ele especialista no tempo presente, ou não.[7] Assumir essa posição significa, a meu ver, problematizar e até ultrapassar as categorias de tempo presente, presentismo, memória e esquecimento, que tendemos a naturalizar, tornando-as uma evidência.

Não há dúvida de que a maioria dos trabalhos *sobre* ou produzidos com o rótulo história do tempo presente – e também das chamadas história oral e história pública – mantém uma relação crítica com a suposta sedução contemporânea pela memória. Apesar disso, pode-se dizer que, muitas vezes, a história do tempo presente não explora realmente as possibilidades de uma história contemporânea, como uma história mais imediata, atual, recente e próxima. Muitas vezes ela não se configura como uma narrativa sobre eventos (ou, poderíamos dizer, sobre a relação entre evento e estrutura) que se produzem na esfera de visibilidade comum aos autores e aos leitores do discurso. Observamos que, em geral, no Brasil, a história do tempo presente é, em grande medida, a história da Ditadura Militar, bem como de seus efeitos e permanências no presente.[8]

---

[7] Cf. Vargas, 2021. A esse respeito, cito dois exemplos de autores engajados, cujos escritos geram debate e ação no presente: Alencastro (2010) e Albuquerque Júnior (2010). Sobre o engajamento político e historiográfico no ofício dos historiadores brasileiros ver a discussão de Rodrigo Perez Oliveira (2018b) acerca dos anos 1970.

[8] Ver, em especial, Avelar; Faria; Pereira, 2012; Avelar; Pereira, 2018. Podemos dizer que a ascensão do bolsonarismo mudou parcialmente este quadro, no

Assim, uma maior clareza sobre o conceito de presente histórico, bem como um maior comprometimento ético poderiam nos ajudar a superar uma concepção de história do tempo presente documentalista e, paradoxalmente, afastada do presente histórico. O debate e a divisão que ocorreram, nos anos de 2012-2014, entre historiadores brasileiros e a Associação Nacional de História sobre a participação profissional dos historiadores na Comissão Nacional da Verdade (2012-2014) cria um alerta importante que não deve ser deixado para trás, justamente porque não podemos recusar ou negar nosso papel no combate ao negacionismo, ao revisionismo, à mentira e à desinformação, em especial, no atual processo de construção de comunidades e realidades alternativas, paralelas e simuladas.[9]

De todo modo, percebemos que a incidência de temas sobre ética, memória e tempo presente, encontrados, por exemplo, nas revistas de história, sobretudo a partir dos anos 1990, não configura um movimento isolado, no qual esses temas surgem sem maiores nexos explicativos. Vinculá-lo ao final da Ditadura Militar não é uma forma de determinismo ou de exagerado contextualismo. Trata-se de perceber que esses temas fizeram e fazem parte de um amplo debate historiográfico sobre o passado recente brasileiro, cujas demandas de justiça e reparação não estão desvinculadas do trabalho historiográfico (cf. AVELAR; PEREIRA, 2018).

Nesse sentido, é preciso destacar e reconhecer que a latência e o fantasma do autoritarismo marcam, de forma implícita e explícita, a produção historiográfica desde a redemocratização.

---

que se refere às análises históricas que possuem alguma relação com a política e o político. Uma boa tentativa de articular diversas dimensões temporais para entender a ascensão do bolsonarismo pode ser vista em Klen; Pereira; Araujo, 2020 e Aarão Reis, 2020.

[9] Cf., em especial, Bauer, 2017a; Bauer, 2017b; Quadrat, 2020; Nicolazzi, 2020; Pereira, Araujo, 2021; Valencia-García, 2020.

Após o fim da Ditadura Militar (1964-1985), os historiadores se engajaram em dois campos de estudos diferentes e interligados: o debate público sobre os currículos, que contribuiu para a formação de campos de estudos sobre a história como disciplina escolar; e as pesquisas historiográficas, que foram marcadas pela análise sobre as dimensões institucionais e ideológicas da historiografia. A reflexão sobre nossas raízes autoritárias e a busca por incluir novos sujeitos marcam a historiografia da redemocratização e, de algum modo, a historiografia brasileira até os dias de hoje.[10]

Algumas áreas, como os estudos sobre escravidão, o movimento social e operário, o tempo presente, a memória, a história da historiografia, dentre outras, estão, até os dias de hoje, de vários modos, conscientes ou inconscientes, conectadas com pautas que emergiram da luta pela redemocratização no país, desde a década de 1970. Durante e após a presença de governos de centro-esquerda, entre 2003-2016, certas agendas começaram a ganhar mais relevância, como, por exemplo, as críticas ao eurocentrismo, a emergência de perspectivas decoloniais, os estudos de gênero e raça.[11]

Nessa direção, todo o processo, que culminou com as eleições de 2018 (quando, pela primeira vez, no Brasil, se assiste à eleição de um presidente da extrema direita eleito por voto direto), mostra o quanto uma parte significativa da produção historiográfica não estava equivocada, ao trazer para a pauta de debates e diálogos, de forma direta ou indireta, e dentro de

---

[10] Ver, em especial, Nicodemo; Pereira; Santos, 2020; Abreu; Mollo; Martins, 2017; Pereira, Hermeto, 2016. Nesse sentido, endossamos a afirmação de Oliveira e Gontijo (2016) de que modelos de pesquisas historiográficas emergentes na década de 1980 se constituíram em "referências balizadoras para as pesquisas produzidas nas décadas seguintes". Cf., também, Santos; Nicodemo; Pereira, 2017.

[11] Cf., por exemplo, Pereira, 2018; Oliveira, 2018a.

seus limites, temas como a escravidão, o racismo, o feminismo, o colonialismo, a subalternidade, a liberdade, as resistências, os direitos, a justiça, o autoritarismo, a reparação e a democracia.

Portanto, vemos que o alargamento da categoria presente histórico acaba por englobar uma temporalidade que não é, necessariamente, do presente, do atual, do imediato, e que, ao mesmo tempo e paradoxalmente, boa parte da produção historiográfica comprometida com o tempo presente acaba por se furtar justamente do atual e do mais imediato. Se esses indícios estão corretos, percebemos que há simultaneamente uma grande dificuldade da comunidade de historiadores em historicizar o atual e o imediato. E, sendo assim, creio que é exagerado dizer que o desenvolvimento e a difusão da história do tempo presente é um sintoma e/ou produto de um suposto regime de historicidade presentista (HARTOG, 2003).[12]

Concordamos que a história do tempo presente é uma história como qualquer outra, porque apresenta singularidades submetidas aos procedimentos teóricos e metodológicos da História como disciplina (PROST, 2007). Entretanto, talvez seja preciso enfrentar alguns desafios lançados pela ideia de história imediata, já que tal ideia abarcaria mais diretamente o presente mais inacabado.[13]

Os dois extremos do conceito de presente histórico

Em 2018, realizamos um estudo sobre o estado da arte da história do tempo presente no Brasil, abarcando os períodos entre 1981-2014, com ênfase em 2010-2014, e percebemos uma tensão no campo, que oscila entre a imprecisão da noção de

---

[12] Cf., também, a tradução brasileira da Editora Autêntica (2013).

[13] A esse respeito, cito o exemplo do nosso livro *Almanaque da covid-19* (PEREIRA; MARQUES; ARAUJO, 2020).

presente e a identificação com os estudos de temas específicos, relacionados com o passado imediato. Com o intuito de contribuir para a superação desta ambiguidade, em favor de uma abordagem dialética entre reflexão conceitual e investigação temática, considero importante refletir, aqui, sobre o conceito de presente histórico (AVELAR; PEREIRA, 2018).

Para Ricœur, o presente está implicado no paradoxo da presença da ausência, assim como a imaginação do irreal e a memória do que ocorreu anteriormente. A marca, como na metáfora do sinete de cera, foi deixada em um momento presente. Mas, por quem? Como sabemos que ela foi deixada? De que forma? "A impressão, como o vestígio e o documento, e também a ruína são certamente presentes; entretanto, eles não são tomados como tais. Através deles, ou sobre a base de seu substrato, é o ausente irreal ou anterior que se pretende ver" (RICŒUR, 2012, p. 338). Ainda segundo o autor, "o presente é também o agora da iniciativa, do começo do exercício do poder de agir sobre as coisas, por consequência, o *initium* da imputabilidade; ele é, enfim, a intensidade vivida do regozijar e do sofrer" (p. 343).

O filósofo destaca que é preciso render ao presente uma polissemia proporcional àquela do futuro e do passado: "multipliquemos o presente do próprio, do próximo e do distante, pois é desta maneira que honraremos 'a equiprimordialidade' dos três *ekstases* do tempo" (RICŒUR, 2012, p. 343). Convém destacar que algumas observações de Koselleck (2014, p. 233) contribuem bastante para dar corpo à sugestão de Ricœur, em especial, para pensarmos nas ambiguidades do conceito de presente histórico. Para o autor, a historiografia contemporânea, baseada nos relatos dos vivos e da tradição oral, define o início da historiografia, pois toda história é história temporal e, portanto, é e será uma história do presente.

As tentativas de conceituar o presente, desse modo, apresentam duas possibilidades extremas: "assim como o presente pode ser dissolvido entre o passado e o futuro, esse extremo mental também pode ser invertido: todo tempo é presente num sentido específico" (KOSELLECK, 2014, p. 231), isto é, o presente abarca todas as dimensões temporais ou se dissolve no passado e no futuro. Nesse sentido, "a redefinição aparentemente precisa da história contemporânea como história do presente não nos livra do dilema de todas as histórias serem histórias do tempo e de, caso analisadas sob o aspecto de suas dimensões temporais, estarem vinculadas ao seu respectivo presente, que ou abarca todas as dimensões, ou pode ser interpretado apenas em vista do passado e do futuro, os quais absorvem todo o presente" (KOSELLECK, 2014, p. 232). De acordo com o autor, desde o início do século XIX, a análise sincrônica e a dedução diacrônica pertencem ao conceito de história do tempo presente.

O historiador alemão ainda propõe que a temporalização das três durações, articuladas aos conceitos de duração, variação e singularidade, resolveria as aporias do conceito de presente. Dessa forma, teríamos: passado-presente; futuro-presente; presente-presente; presente-passado; passado-passado; futuro-passado; presente-futuro; passado-futuro; futuro-futuro. Como destaca Walderez Ramalho em uma leitura deste livro, Koselleck amplia a ideia de um tríplice presente de Santo Agostinho. Portanto, nessa perspectiva, a escrita de uma história do tempo presente implica uma narração que está para além do nosso presente, em especial, quando esse tipo de história nos ajuda a identificar o que pode se repetir em qualquer instante e, logo, o que é efetivamente novo. Mas que seja também, paradoxalmente e simultaneamente, do nosso tempo ou, pelo menos, do nosso presente.[14]

---

[14] Para uma contribuição convergente à apresentada para pensar o conceito de presente e a história do tempo presente, ver De Carvalho, 2018. Dentre outras constatações, o autor afirma que Heidegger cria uma pequena reviravolta

Atualizar os *Annales*: o presente histórico como parte incontornável do trabalho do historiador

O tempo do atualismo apresenta novos desafios para a percepção do que é efetivamente novo, afinal, uma parte significativa da experiência contemporânea da atualização ocorre a partir da experiência da repetição com novidades. Nesse sentido, um caminho historiográfico contemporâneo, de resistência e proposição a um presente atualista, passa pela reivindicação do presente como parte incontornável do trabalho do historiador. Chamamos de atualismo a essa historicidade hegemônica em que o real se confunde com a atualidade experimentada como um presente vazio e autocentrado. Um presente que é, ao mesmo tempo, cheio de novidades e vazio de eventos (PEREIRA; ARAUJO, 2019 e 2021).

Nessa direção, seria interessante pensar em uma atualização do legado dos *Annales*, ou seja, da produção de histórias a partir do presente, mas com uma ênfase renovada na compreensão do passado e do futuro como tempos presentes, ativos, que não estão ao dispor do presente apenas, mas que formam uma parte de nosso ambiente existencial. Isso não significa tratar o presente histórico apenas como um espaço de uma historiografia especializada – embora ele seja também fundamental – mas, também, como dimensão transversal em qualquer esforço de historicização, o que implica resistir, de modo firme, à tendência de que história é a ciência do passado, essa ideia que se ancora na experiência cotidiana e que naturaliza a identificação da história com um passado morto. Assim, é preciso, e cada vez mais, evidenciarmos os efeitos de passado e futuro no presente.

---

sobre a ideia de tempo "ao transformar o presente em modalidade de tempo dinâmica em relação indissociável com o futuro e o passado" (p. 59).

A análise e a descrição de historicidades ocultas pelo atualismo podem nos ajudar a ativar/amplificar outras historicidades mais emancipatórias que estão sempre disponíveis no redemoinho da história. Uma análise dessas historicidades encontra uma melhor analogia na imagem de um novelo de temporalizações (ou seja, diversas formas de combinar passados, presentes e futuros) do que em uma linearidade sucessiva e bem organizada. E, por mais que nós, historiadores, possamos esticar alguns fios, para tecer narrativas, explicações e interpretações, a história vivida é como um gato em seu jogo com novelos, que constantemente retorna o fio de eventos e o das estruturas ao seu emaranhado original.

Nesse sentido, incorporar o presente e o futuro à escrita da história, de maneira consciente, pode nos encaminhar, para além da agitação atualista, na direção de uma postura crítica e transformadora da realidade do capitalismo contemporâneo, sem nos limitar a estratégias reativas e nostálgicas.

CAPÍTULO 2

Tempos de guerras culturais? Guerras de memória e Comissão Nacional da Verdade (2012-2014)

> *Tuas ideias não correspondem aos fatos*
> (Cazuza, "O tempo não para", 1988).

> *Quem tem medo não faz outra coisa a não ser sentir rumores.*
> (Frase atribuída a Sófocles)

Imagem-lembrança

Imagem 3. Protesto de 2013, para denunciar a violência policial no Rio de Janeiro. A motivação era o caso do pedreiro Amarildo, um homem negro, que desapareceu após ter sido detido pela polícia militar daquele estado.[15]

---

[15] Sobre o caso, ver: https://bit.ly/3uKCVW1. Acerca da relação, no Brasil, entre violência e racismo ver Nascimento, 1978.

Entre 1964 e 1985, foram travadas diversas batalhas de memória sobre o Golpe Civil-Militar brasileiro, sendo que muitas delas reemergiram e/ou se intensificaram de diversos modos nos últimos anos, especialmente entre 2012 e 2014.[16]

Este ensaio parte de um caso ocorrido em 2012, na página de discussão do verbete "Regime militar brasileiro" (em português) da Wikipédia. Concomitantemente, se iniciavam os trabalhos das Comissão Nacional da Verdade (que se estenderam até 2014), cujo objetivo foi investigar as violações dos direitos humanos ocorridos durante a Ditadura militar brasileira, nos períodos de 1964 a 1985, em âmbitos estaduais, municipais e setoriais. Minha intenção não é analisar diretamente os trabalhos dessa Comissão, mas utilizar o período de sua atuação para recortar o tempo e, também, para verificar alguns possíveis impactos indiretos de sua presença.

Tendo como referência o caso ocorrido na página de discussão da Wikipédia, pretendo pensar como podemos compreender melhor alguns aspectos específicos da presença do discurso negacionista, da negação e do revisionismo, bem como as estratégias de combate a eles, no espaço público brasileiro contemporâneo, em particular entre 2012-2014, considerando algumas imagens e textos específicos que circularam e estiveram disponíveis na internet. Afinal, reconstruir uma batalha pela/de memória não é suficiente, bem como fazer apenas o restabelecimento dos fatos. É preciso interrogar como uma determinada concepção sobre o que ocorreu anteriormente se cristalizou ou se construiu, o que isso significa e a que serve (cf. PORTELLI, 2005, p. 18).

As questões trazidas por Pierre Vidal-Naquet (1994) e ampliadas para o nosso contexto nos são úteis. Vidal-Naquet pergunta quem são os nossos assassinos da memória e a que servem. E se são produtos

---

[16] Uma parte significativa do estado da arte e dos importantes debates historiográficos sobre o golpe e a Ditadura podem ser vistos em Fico, 2017 e Motta. 2018.

e produtores de qual mundo. O que significa pensar essas questões, com base nas premissas de que não há uma oposição ou mesmo uma ruptura entre memória e esquecimento, entre passado e presente, entre objetividade e subjetividade, entre história e memória?

Uma primeira hipótese é que o revisionismo e a negação brasileira são alimentados, em grande medida, pela impunidade (ausência de justiça, muito em função da permanência da Lei da Anistia) e pela ausência de arrependimento, remorso ou culpa por parte dos algozes diretos e indiretos, de ontem e de hoje. Já a segunda hipótese é que vivemos, no Brasil, em especial, entre 2012-2014, a passagem de um clima ou regime de não inscrição para um clima ou regime de inscrição frágil.[17] No entanto, essa passagem, sutil e etérea, não tem levado, necessariamente, à transformação da memória dividida em uma memória compartilhada, como a ascensão posterior do bolsonarismo mostrou claramente.

Os conceitos centrais relativos a essa questão serão trabalhados ao longo do texto. Ainda assim, como ponto de partida, apresento alguns dos sentidos a eles atribuídos: *Inscrição:* marca, selo, cicatriz, elaboração, sobrevivência, persistência, permanência, impressão, fixação. *Não inscrição*: sombra, branco, vazio, nevoeiro, apagamento, repressão, invisibilidade, silenciamento. *Negação*: contestação da realidade, fato ou acontecimento que pode levar à dissimulação, à falsificação, à fantasia, à distorção e ao embaralhamento. Em geral, percebemos uma dissimulação e uma distorção da factualidade que ou procura negar o poder de veto das fontes, ou fabrica uma retórica com base em provas imaginárias e/ou discutíveis/manipuladas. *Revisionismo*: interpretação

---

[17] Segundo José Gil (2005), "a não inscrição induz a um tempo social particular, só o presente pontual existe; à sua frente está o futuro que se fará sentir apenas com o surgimento-repetição do presente" (p. 44), ao passo que "a inscrição faz o presente, um presente de sentido, não situado no tempo cronológico, que dá sentido à existência individual ou à vida coletiva de um povo" (p. 49). Cf., também, Albuquerque Júnior, 2012.

livre que não nega necessariamente os fatos, mas que os instrumentaliza para justificar os combates políticos do presente, a fim de construir uma narrativa alternativa que, de algum modo, legitima certas dominações e violências. *Negacionismo*: radicalização da negação e/ou do revisionismo. Falsificação do fato.

Rumores e ecos – Parte I
(Wikipédia – Guerras de memória)

Em 25 de agosto de 2012, um colaborador da Wikipédia, registrado como Tigre do Oeste, afirmava que seu desejo era pôr fim à guerra de edições em uma parte da narrativa sobre a relação entre guerrilhas e abertura política. O autor não altera o texto anterior, mas acrescenta algumas sentenças. Destaco que a guerra de edições pôde se encerrar, não pela mudança de sentido, mas, sobretudo, pela inserção da prova e, especialmente, nesse caso, através da referência a um artigo publicado pelo jornalista Amaury Ribeiro Júnior, em 2004, na revista *IstoÉ*, o qual apresentava a citação do depoimento de um general no final da última e da penúltima frase:

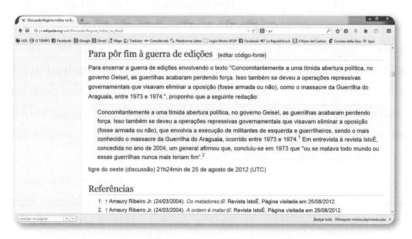

Imagem 4. Wikipédia, verbete "Regime militar no Brasil", seção "discussão" em 2012.

Dois dias depois, outro usuário, dessa vez não identificado por um nome ou pseudônimo, mas pelo código IP (endereço de cada computador na internet), afirmava que apresentaria uma denúncia nos seguintes termos:

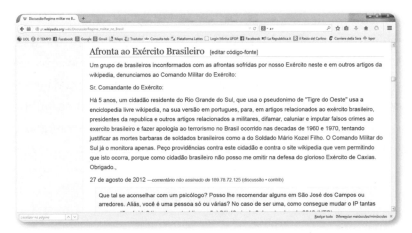

Imagem 5. Wikipédia, verbete "Regime militar no Brasil", seção "discussão" em 2012.

Assim, para o IP, Tigre do Oeste é caluniador, pois imputa falsos crimes aos militares e faz apologia ao "terrorismo" ocorrido no Brasil nas décadas de 1960 e 1970. Por consequência, justifica mortes bárbaras de soldados. A reação de Tigre do Oeste é sarcástica: "Que tal se aconselhar com um psicólogo?". Ele também questiona se o IP é de uma só pessoa ou de um grupo. (Cabe destacar que, em 2015, o então general do Comando Militar do Sul e futuro vice-presidente, Hamilton Mourão, foi exonerado do cargo, por criticar abertamente o governo da presidenta Dilma Rousseff.)

O que desejo destacar é que os trechos citados – em especial o do conflito entre o usuário Tigre do Oeste e o IP – revelam aspectos da guerra de memória sobre a Ditadura Militar nas suas inter-relações entre o virtual, o atual e o real. E que essa ênfase no conflito permite-nos refletir sobre a internet como um veículo de memória, em especial por trazer os conflitos de/pela(s) memória(s) para o espaço público. As guerras de memória pressupõem a visibilidade que a mídia pode agregar ao debate público, em geral, por ampliarem as interrogações sobre violências de um determinado passado-presente. Assim, as guerras de memória nos convidam a empreender uma análise sobre as estreitas e complexas relações entre a mídia e a historicidade. Desse modo, é possível deslocar a discussão sobre a oposição e/ou a articulação entre memória e história para a metáfora da *guerra*. Isso significa assumirmos a hipótese de que o debate público no mundo virtual se dá, sobretudo, por lógicas e estratégias de guerra (cf. BLANCHARD; VEYRAT-MASSON, 2008).

Rumores e ecos – Parte II

Imagem 6. Página do *site Metapédia* (2012) sobre o suposto contra-golpe (*sic*) de 1964

A estrutura temporal da negação e, em alguma medida, do revisionismo está assentada numa concepção fatalista, determinista e homogênea do tempo histórico. Uma determinada concepção homogênea de tempo tende a afirmar que o Golpe de 1964 só existiu porque não havia alternativa; ele foi inevitável. Se não fosse o Golpe, teria havido outro e uma ditadura comunista.

Os militares salvaram o Brasil dos terroristas e comunistas, pois agiram antes. O Golpe teria sido, na verdade, uma contrarrevolução ou um contragolpe.

Convém ressaltar aqui que a página *on-line* Metapédia, essa "enciclopédia alternativa", tem se destacado por abrigar diversos verbetes negacionistas e revisionistas, contrariando as evidências básicas da pesquisa histórica e da memória. O interessante é que ela usa a mesma forma da Wikipédia, isto é, o sistema Wiki, para apresentar o que chama de "interpretações próprias" dos fatos. A apropriação livre da forma da Wikipédia, portanto, cria um simulacro de verdade, a fim de legitimar uma intenção de mentiras, abusos e distorções de memória (NOIRET, 2015, p. 40). Na Metapédia, por exemplo, não existe o verbete "Golpe Militar", e sim "Contragolpe".

Segundo o texto da Metapédia, a responsabilidade do "Contragolpe" não pode ser atribuída aos militares, e sim aos Estados Unidos, uma vez que eles (os militares), teriam agido para evitar uma possível invasão militar estadunidense e "reprimir os comunistas" durante a Ditadura Militar. Trata-se de dissimulação, manipulação e justificação, mas, sobretudo, de um negacionismo puro, pois se sabe, por exemplo, que os militares agiram cientes do apoio estadunidense, e não para evitar uma invasão militar (FICO, 2008). O verbete "Regime militar no Brasil" também retira responsabilidades dos militares. Segundo ele, o "regime" foi, na verdade, "um governo-fantoche anticomunista, instalado pela CIA no Brasil, em plena Guerra Fria". O Golpe e a Ditadura são, assim, eventos externos ao exército e à sociedade.[18]

---

[18] Ver o vídeo "O contragolpe de 1964 – A verdade sufocada", publicado pelo canal Luiz Gonzaga. Disponível em: https://bit.ly/3jVpcXg. Acesso em: 14 ago. 2015; e "Olavo de Carvalho– 1964: 50 anos do contragolpe", publicado

Cabe destacar que, na análise aqui apresentada, não faço uma distinção radical entre revisionismo e negacionismo, especialmente em sua dimensão psicológica e ideológica. O revisionismo absoluto é, em grande medida, um tipo de negacionismo puro ou literal (cf. VIDAL-NAQUET, 1994, p. 119). As manifestações de algo próximo a um negacionismo puro, encontradas entre 2012-2014, consistiam em mostrar que a tortura foi um excesso, e não uma política de Estado.[19]

Em certo sentido, a ideia de contragolpe é um tipo de revisionismo, mas pode, também, ser tomada como uma negação à conceituação dada pelos próprios militares. Vale destacar, como sugere Daniel Faria, em sua leitura de uma versão dessa reflexão, uma passagem do preâmbulo do AI-1, de 1964: "Assim, a revolução vitoriosa, como Poder Constituinte, se legitima por si mesma". O Ato Institucional não estava previsto na Constituição de 1946. Uma contrarrevolução, isto é, a restauração de uma ordem constituída, não permitiria a introdução da figura dos atos institucionais.

Pois bem, ainda que se possam refutar certas abordagens factuais dos discursos revisionistas e negacionistas, é possível desconstruí-los e bloqueá-los por completo? Quais os lugares e as funções da historiografia nesse processo? Mediar e qualificar?

Rumores e ecos – Parte III (Ofícios - Negação)

"Ignorar a negação e apenas extrair o conteúdo da ideia" é o que nos sugere Freud, em seu texto de 1925, intitulado "A negação" (2012, p. 250). A partir da premissa de Freud,

---

pelo canal Rádio Vox. Disponível em: https://bit.ly/3lXySU0. Acesso em: 14 ago. 2015.

[19] Ver: https://bit.ly/3sboU2s; https://bit.ly/3g2CW1n; https://bit.ly/3yJwF23. Acesso em: 17 ago. 2015.

faço, aqui, um exercício-limite: em 13 de agosto de 2014, o Ministério da Defesa apresentou o Ofício n.º 10.944 e três anexos com as conclusões das sindicâncias promovidas para apurar desvios de finalidade no uso de instalações militares entre 1945 e 1988 (período oficial de investigação da Comissão da Verdade).[20]

Visando mais visibilidade à nossa reflexão, destaco, aqui, alguns trechos em que o advérbio de negação *não* aparece, e deixo grafado, intencionalmente, o *não* original em itálico e entre parênteses:

Ofício do Ministério da Defesa assinado por Celso Amorim, ministro da Defesa:

O Ministério da Defesa, como parte integrante do Estado Brasileiro, compartilha do reconhecimento da responsabilidade estatal pela ocorrência de graves violações de direitos humanos praticadas no período de 18 de setembro de 1946 a 05 de outubro de 1988. Nesse sentido, observo que as conclusões dos ofícios dos Comandos Militares (*não*) se contrapõem a esse reconhecimento.

Ofício do Exército assinado por Enzo Martins Peri, comandante do Exército:

Os dados disponíveis (*não*) permitem corroborar a tese apresentada por aquela Comissão de que tenha ocorrido desvio formal de finalidade do fim público estabelecido para as instalações objeto da investigação, (*não*) havendo, desta forma, fato novo que modifique tal percepção. Por fim este Comando entende que (*não*) lhe é pertinente manifestar-se a respeito de atos formais e de outras decisões tomadas pelo Estado Brasileiro ou, ainda, opinar sobre situações já definidas pelo ordenamento jurídico vigente.

---

[20] Disponíveis em: https://bit.ly/3lYFfGH. Acesso em: 01 set. 2014.

Ofício da Aeronáutica assinado por Juniti Saito, comandante da Aeronáutica:

Sobre a conclusão da sindicância a que se refere a Comissão Nacional da Verdade (CNV), informo a Vossa Excelência que o Comando da Aeronáutica lançou mão de pesquisa em documentos históricos existentes, (*não*) dispondo de outras informações que possam corroborar as conclusões apresentadas pela CNV. Da mesma forma, o Comando da Aeronáutica também (*não*) dispõe de elementos que sirvam de fundamento para contestar os atos formais de reconhecimento da responsabilidade do Estado brasileiro.

Ofício da Marinha assinado por Carlos Augusto de Sousa, comandante interino da Marinha, e por José Martins Cavalcante, encarregado da Divisão de Secretaria e Comunicações:

Em atenção ao Ofício [...], por ocasião dos trabalhos levados a termo pela Sindicância Administrativa realizada, (*não*) foram encontrados indícios nem provas documentais ou materiais que permitam confirmar ou negar as informações.

Afirmar que a suspensão de todos os advérbios de negação, no texto do ofício supracitado, revela uma realidade reprimida ou escondida, seria cair em um psicologismo simplista. No entanto, a abundância de seu uso nos documentos pode indicar que há, por um lado, uma dificuldade de aceitar a realidade com todas as suas possíveis consequências e, por outro, que há muito cuidado em *não* desmentir (afinal, diz-se que não se pode "confirmar ou negar as informações") o que foi dito. Há elementos de tomada de consciência, mas o abuso da negação pode denotar exatamente uma dificuldade institucional, um não querer aceitar e arcar com as consequências dessa aceitação.

Além disso, é preciso dizer que, em boa medida, o ofício assinado pelo ministro da Defesa destoa dos outros, também por ele assinados, mas com outras temáticas. Não é por acaso que o especial "Ditabranda", do *site* DefesaNet, de 21 de setembro de 2014, afirma: "Amorim desconsidera Ofícios dos Comandantes e endossa acusações às Forças Armadas pela Comissão Nacional da Fantasia Ideológica, também conhecida como Comissão Nacional da Verdade".[21]

Assim, inspirado pela perspectiva freudiana (da negação, e *não* necessariamente do negacionismo), pode-se inferir que essa espécie de aceitação intelectual do reprimido mantém o seu essencial. Ou seja, "negar algo num juízo é dizer, no fundo: 'isso é algo que eu gostaria de reprimir'" (FREUD, 2012, p. 251). Afinal, tudo não foi feito em nome de um fim maior? O de livrar o país da ameaça comunista?

A função do juízo na negação tem como propósito admitir ou contestar uma representação com existência na realidade: "o não real, apenas representado, subjetivo, está apenas dentro; o outro, o real, também se acha fora" (FREUD, 2012, p. 252). Nessa perspectiva, para se reprimir, silenciar, falsear ou esquecer, é preciso contestar a realidade do que se passou durante a Ditadura Militar brasileira. Não, necessariamente, pela mentira, mas pela negação e, também, pelo revisionismo, que distorce e justifica os crimes e o estado de exceção. Tais discursos e narrativas justificam práticas, lógicas e ideologias que permanecem e/ou aceitam o inaceitável.

Afinal, dentro (e fora) da Razão de Estado, ontem (e *ainda* hoje) era (e é) possível justificar o injustificável: tortura e assassinatos. No entanto, a polimorfia da negação brasileira não é apenas uma negação inconsciente, nos termos analisados por Freud, mas também linguística, pública e ideológica. Afinal, a negação é ambivalente: além de ser contraposição, ela é também diferença (cf. VIRNO, 2013).

---

[21] Disponível em: https://bit.ly/3smmONm. Acesso em: 03 abr. 2015.

Rumores e ecos – Parte IV (Faixa - Ideologia)

Imagem 7 – Faixa estendida pelo então deputado federal Jair Messias Bolsonaro, parabenizando os militares pelo Golpe, em seção solene, na Câmara dos Deputados, destinada a relembrar o golpe de 1964.

O autoritarismo é, também, um tipo de negação ideológica: "as ideologias autoritárias, enfim, são ideologias que *negam* de uma maneira mais ou menos decisiva a igualdade dos homens e colocam em destaque o princípio hierárquico" (BOBBIO; MATEUCCI; PASQUINO, 2004, p. 94, grifo nosso). Do ponto de vista ideológico, a análise da negação e do revisionismo desemboca no paradoxo da ideologia: haveria uma instância crítica, capaz de colocar em distância o fenômeno da ideologia? (cf. RICŒUR, 1997).

Nesse sentido, não é fortuito destacar que uma faixa, presente como um passageiro clandestino, na sessão solene da Câmara dos Deputados, em 2014, para relembrar os 50 anos do Golpe de 1964, destacasse que "graças aos militares o Brasil *não* era Cuba". Ela foi estendida a pedido do então militar reformado e deputado fluminense Jair Bolsonaro (posicionado, na imagem, com um terno escuro, ligeiramente à esquerda da faixa), que seis meses depois seria reeleito o deputado federal mais votado do

Rio de Janeiro, com quase 500 mil votos. Importante ressaltar que em 2015, essa era a foto de capa do seu *site*.[22]

Levando em conta esse rumor e a análise anterior, podemos dizer que a negação, em seu sentido ideológico, bem como o revisionismo, em seu sentido absoluto e relativo, estão intimamente ligados àquilo que Ricœur (2007) chama de memória manipulada.[23] O processo ideológico está relacionado aos combates e às denúncias contra os adversários, no interior da competição entre ideologias. Assim, a distorção imagética deve ser articulada com o fenômeno de legitimação e mediação simbólica. A compreensão dessas dimensões intermediárias nos permite entender a negação e o revisionismo brasileiro como molas do processo de manipulação da memória e da história. O revisionismo e a negação, especialmente em suas dimensões ideológicas, trabalham nas brechas das variações do trabalho

---

[22] Na época, o site *Revista Sociedade Militar* estampou a seguinte manchete: "A Faixa de Bolsonaro Rodou o MUNDO. A VERDADE dói. Comunistas derrotados não admitem que se diga que graças aos MILITARES Brasil não é uma CUBA continental"(disponível em: https://bit.ly/3oAzUqr. Acesso em: 29 ago. 2021). A crítica à criação de uma Comissão da Verdade tornou Bolsonaro um dos principais porta-vozes do Exército e o aproximou das altas patentes, ao mesmo tempo em que se aproximava do fundamentalismo religioso e, por consequência, da chamada pauta de costumes. Cf. Klen; Pereira; Araujo, 2020. Disponível em: https://bit.ly/3FjiDYG. Acesso em: 29 ago. 2021.

[23] As noções de memória manipulada e de esquecimento comandado, de Ricœur, são lidas aqui tendo por base os alargamentos e as reticências empreendidos em relação a tais concepções elaboradas por Huyssen (2014, p. 155-175). Ainda assim, acredito que o caso brasileiro esteja mais próximo do espanhol do que do argentino e do alemão, que são tomados como exemplos por Huyssen. Ressalto, ainda, que, para o autor, "o esquecimento precisa ser situado num campo de termos e fenômenos, como silêncio, desarticulação, evasão, apagamento, desgaste, repressão – todos os quais revelam um espectro de estratégias tão complexo quanto o da própria memória" (p. 158).

de configuração narrativa. Nesses termos, não falo apenas de apagamento de traços, mas, sobretudo, de astúcia e de má consciência (RICŒUR, 2006, p. 126).

Máquina de rumores e ecos – Parte I (Comunidade de memória em rede)

Acredito que o trabalho de negação e/ou revisionismo é muito mais amplo do que a memória ou a perspectiva militar, sendo fundado em uma retórica que idealiza, distorce, dissimula, justifica e milita por algum tipo de autoabsolvição. Os conflitos de memória podem, ao contrário, dividir e criar mais ódios, ressentimentos e dissensos (cf. MARGALIT, 2006). Fazer e lutar pelo dever e pelo trabalho de memória, bem como pelo do luto, é, antes de tudo, uma intenção ética e uma posição política.

A pesquisa histórica contemporânea demonstra que a tortura e a prática dos desaparecimentos foram uma política de Estado. Há uma gigantesca desproporção nas práticas da violência política da resistência armada e da repressão. É sempre bom destacar que os participantes da oposição aos militares foram punidos das mais diversas formas. No entanto, além da dimensão factual, há um nível mais profundo em que deve funcionar a desconstrução da negação e do revisionismo: interpretações melhores e mais sofisticadas. Principalmente em se tratando de história do tempo presente, a tensão entre objetividade e subjetividade atinge seu ponto crítico. Assim, a comunidade de memória (MARGALIT, 2006) aqui analisada opera com a finalidade de falsificar e dissimular a factualidade do que ocorreu anteriormente e parece se organizar de forma mais ou menos espontânea em rede. A internet e as tecnologias digitais criam e recriam outras (novas e velhas) formas de sociabilidade, ação, identidade e ativismo político. São linhas que criam elos e nós abertos, mutáveis e múltiplos de acordo com posições, disputas e emergências.

Creio que essa comunidade age por meio da divisão social e institucional do trabalho de negação e/ou revisionismo em que trabalham colaboradores da Wikipédia e da Metapédia, militares ativos e da reserva, passando também, por exemplo, por boa parte da chamada Nova Direita e extrema-direita, por jornalistas e historiadores. Esses atores ocupam discursos, posições e funções mutáveis no interior da rede. Não sem razão, no presente, mesclam-se, associam-se e são, também, porta-vozes de certos fundamentalismos crescentes em diversos domínios do Brasil atual.

Para o tradicionalista e/ou fundamentalista, a memória em si tem mais importância do que a verdade (cf. MARGALIT, 2006). Não sem razão, Jankélévitch (1974), em sua distinção entre o irreversível (o fato, por exemplo, de não podermos voltar ao passado nem fazer o passado retornar) e o irrevogável (o ter sido não pode ser destruído, o que foi feito não pode ser desfeito, é inapagável), afirma que o sentimento nostálgico está bem próximo do segundo, já que é o pesar do nunca mais, do reviver. Ao passo que o remorso é o desejo de apagar, de não ter vivido.

Em grande medida, a impunidade em relação aos crimes praticados pelo Estado durante o período de 1964-1985 é o principal motor que faz com que essa comunidade de memória persista, cresça, transforme-se e, sobretudo, que não sinta ou manifeste remorso ou culpa e, por consequência, não aceite nem reconheça qualquer tipo de erro. Em vez do remorso ou da culpa, assistimos ao estímulo ao ódio e ao ressentimento. Nessa perspectiva, essa comunidade de memória luta *contra* qualquer inscrição da experiência autoritária.

Não se trata de uma comunidade sem rosto, mas de um coletivo que milita e luta por uma lacuna, por um branco na consciência e no discurso, isto é, para que nada aconteça "que marque o real, que o transforme e o abra" (GIL, 2005, p. 43). Assim, a ausência do luto cria as condições para que a não inscrição não passe despercebida em suas consequências, logo ela poderá explodir em manifestações de violência (GIL, 2005, p. 50). "Nestas condições, como participar no aprofundamento da democracia – à qual a não inscrição resiste sempre?" (GIL, 2005, p. 44).

A guerra de memória aqui tratada, diante de seus sentimentos e de seus componentes de irracionalidade e falta de constrangimento, não terminará apenas pelo uso da razão, da lembrança e da evidência, mas, sobretudo, quando os atos e os agentes de crimes realizados no passado sofrerem algum tipo de punição. Sendo assim, duas questões se impõem. É desejável pensar na definição de crimes ou pelo menos em algum tipo de responsabilização para a maneira como tem se dado a expressão pública do novo sentimento antidemocrático (RANCIÈRE, 2014a)? É desejável responsabilizar indivíduos que expõem faixas que clamam (pelas mais diversas razões, sejam elas fantasiosas, reais, metafóricas, sejam até mesmo irônicas) pelo retorno da Ditadura ou dos militares?

Por um lado, é provável que Andreas Huyssen (2014, p. 160) tenha muita razão quando afirma que tentar legislar sobre o esquecimento é tão inútil quanto tentar legislar sobre as formas corretas de lembrar. Por outro lado, em um exercício contrafactual pode-se dizer que talvez Bolsonaro pudesse não ter sido eleito, em especial depois de ter homenageado o torturador Carlos Brilhante Ustra em seu voto pelo *impeachment* de Dilma Rousseff. Assim, certamente o melhor caminho para o Brasil, no atual momento, é transformarmos alguns tipos de negacionismo em crime, assim como a apologia ao autoritarismo, a violência e a tortura. Semelhante ao que fizemos com a criminalização da homofobia e do racismo.

Para finalizar esta parte da discussão, destaco, em concordância com Rancière, que os conflitos de memória aqui tratados têm "por que suscitar medo e, portanto, ódio entre os que não estão acostumados a exercer o magistério do pensamento. Mas, entre os que sabem partilhar com qualquer um o poder igual da inteligência, pode suscitar, ao contrário, coragem e, portanto, felicidade" (RANCIÈRE, 2014a, p. 122). A guerra de memória e/ou cultural, quando se divide entre um combate entre esquerdistas e direitistas, aceita diversos pressupostos da lógica autoritária. No entanto, a democracia não pode ser conquistada por nenhuma ideologia; ela pressupõe a intensificação da pluralidade, do justo, da simetria e do dissenso.

Intermezzo

Do clima de otimismo ao medo? Do medo ao ódio? A negação, em geral, pretende inibir algo. No nosso caso, *qualquer* tipo de transformação da sociedade em dimensões mais justas e democráticas: "uma democracia que tolera desigualdades pode cumprir os requisitos da legalidade, mas jamais será uma ordem legítima" (NOBRE, 2013, p. 126). Sendo assim, quais as bases sociais dessa comunidade de memória? Essa talvez seja uma das questões mais difíceis de enfrentar.

Em 1987, Antônio Flávio Pierucci, em seu texto "As bases da nova direita", afirma que o tique mais evidente dessa comunidade é a sensação de estar ameaçada e, logo, de sentir medo, tendo em vista um diagnóstico de crise moral. O outro da nova direita e extrema-direita seria, justamente, os chamados novos movimentos sociais. Apesar de sua pluralidade e diversidade, seus membros, militantes e simpatizantes temem dizer seu nome. Seria a sombra da Ditadura? Passados mais de 25 anos, entre 2012-2014, seria a esquerda que temia em dizer seu nome? (SAFATLE, 2012). De todo modo, uma mutação importante parece ter ocorrido. Se, no contexto da redemocratização, a direita e a extrema-direita pareciam estar distantes, no contexto atual, isto é, desde o atual giro conservador, elas parecem habitar um espaço comum, isto é, "o mesmo lado da cidade" (FERNANDES; VIEIRA, 2019; RODRIGUES, 2018).

A dificuldade em se conceituar o novo é que ele pode vir travestido de velho ou, ainda, da repetição. Nessa perspectiva, o passado-presente se transforma em presente-passado (cf. KOSELLECK, 2014, p. 246-245). Há, no mínimo, quatro fatores novos que interferem no contexto aqui em questão: 1) a difusão da internet; 2) a presença no poder de um partido com certas políticas (reais e imaginárias) de esquerda, no início de 2012, já há quase dez anos no poder; 3) o retorno, a partir de 2013, dos setores conservadores às ruas, sendo que, em grande medida, eles estariam ausentes desde 1964 (AVRITZER, 2016, p. 16); e, por fim, 4) a presença de uma Comissão Nacional da Verdade.

As disputas em torno do combate à desigualdade, a qual transforma cerca de 30% da população em excluídos sociais, são a base, como ficou evidente desde 2013, dos atuais conflitos sociais no Brasil (cf. SOUZA, 2014). Durante o nosso recorte, isto é, entre 2012 e 2014, tornaram-se muito visíveis, entre outros aspectos, as consequências da perda do poder simbólico das classes médias em função de estarem mais próximas das classes populares, tendo em vista certo reordenamento causado pela redução das desigualdades nos últimos anos (cf. AVRITZER, 2016). As frágeis conquistas das classes populares em termos de educação e saúde até 2016 estão no centro do debate, ainda que intimamente atreladas a blindagens e pactos de silêncio que se fundaram e permaneceram durante a Nova República (cf. SAFATLE, 2012; NOBRE, 2013). Nessa direção, o Golpe de 2016 e a eleição de Bolsonaro em 2018 são exemplos paradigmáticos da centralidade do lugar do combate à desigualdade em nossos dramas sociais (cf. ABREU, 2012).

Não é fortuito, portanto, que o Golpe e a Ditadura sejam mobilizados ao longo de toda a Nova República; também não é por acaso que nossa Comissão da Verdade só tenha se constituído, sem poder punitivo, depois de quase trinta anos do fim da Ditadura. Ainda assim, destaco que é preciso investigar melhor as conexões, os embaralhamentos e as hibridações entre a chamada nova e atualizada (não tão nova assim) e velha e obsoleta direita e extrema-direita. Há alguns discursos que me levam a crer que alguns jovens e velhos – anacronicamente? – *ainda* vivem no tempo da Guerra Fria, do anticomunismo; já outros estão mais conectados ao tempo presente, mas, muitas vezes, fundamentam seus discursos em questões morais ou simplesmente abusam na interpretação dos fatos para o combate político imediato. Também seria necessário pensar nas relações entre as esquerdas: a nova e atualizada, e a velha e obsoleta; bem como nos sentidos e na atualidade dos projetos e das relações entre esquerda, centro e direita no Brasil contemporâneo.[24]

Os dados de uma pesquisa realizada em 2010 em alguns estados sobre o Golpe de 1964 e a Ditadura Militar revelaram que um grande índice de pessoas não sabia responder às questões, demonstrando, para os autores, total desconhecimento ou esquecimento dos acontecimentos em questão (CERQUEIRA; MOTTA, 2015). Nessa perspectiva, é preciso concordar que o esquecimento realmente cria a memória (HUYSSEN, 2014, p. 157). Cabe ainda dizer que alguns estudos sugeriam, no começo da década passada, que, em comparação com jovens argentinos e uruguaios, os brasileiros eram os que menos têm interesse no passado autoritário e menores rejeições a intervenções militares (DUARTE; CERRI, 2012).

---

[24] Sobre o papel da atualização e obsolescência entre direita e esquerda para a eleição de Bolsonaro, ver Pereira; Araujo, 2020.

Roland Barthes (1984), no texto "O rumor da língua", afirma que "o balbucio (do motor ou do sujeito) é, em suma, um medo". Os rumores aqui evocados têm medo de quê? Esse medo, que encobre certas estruturas do autoritarismo presente e persistente em diversas camadas sociais no Brasil, em muitos casos, está estreitamente ligado a diversos tipos de ressentimento relacionados ao presente e ao passado-presente, em especial após a presença, desde 2003 (até o golpe parlamentar de 2016), de governos que eram percebidos, e também considerados, por muitos atores políticos como sendo de esquerda. Creio, no mínimo, que esses rumores nos impedem de ouvir, ver e identificar a *estrutura* das lógicas, das práticas, das ações e dos pensamentos de matizes autoritários de uma parcela significativa da sociedade brasileira. Estrutura que sustenta, naturaliza, legitima e (re)produz a desigualdade e a sua invisibilidade, bem como os silenciamentos e as indiferenças em relação àquilo que nos constitui. Seria o que resta da escravidão?

É inegável que nos últimos anos houve uma maior democratização – ou, pelo menos, iniciativas de democratização – de espaços antes apenas ocupados pelas elites e pelas classes médias altas. A comunidade de memória aqui estudada é, assim, produto e produtora de uma visão da sociedade e da história brasileira que defende, reproduz e atualiza a dimensão hierárquica, violenta, autoritária e desigual da nossa história.

Em poucas palavras, essa comunidade tem medo do aprofundamento e do potencial transformador da experiência democrática, bem como de suas frágeis inscrições. Afinal, desde 1964, há diversas batalhas e lutas intensas contra a não inscrição, "porque inscrever implica ação, afirmação, decisão com as quais o indivíduo conquista autonomia e sentido para a sua existência" (GIL, 2005, p. 17). Em outras palavras, "inscrever-se significa, pois, produzir real. É no real que um ato se inscreve porque abre o real a outro real" (GIL, 2005, p. 49). Portanto, o medo – como um sistema de relações afetivas em conexão com a máquina produtiva e com o poder que impede ou inibe certas forças de se exprimirem (GIL, 2005, p. 83) – é uma das estratégias perfeitas para nada inscrever (cf., também, SAFATLE, 2015).

Máquina de rumores – Parte II
(Justiça, perdão e inscrição frágil)

Algumas realidades históricas – como é o caso brasileiro no que se refere aos crimes contra a humanidade cometidos pelo Estado durante a Ditadura Militar (1964-1985) – criam fortes impedimentos à realização de uma das precondições do "perdão difícil" (RICŒUR, 2007), a justiça, em especial quando a impunidade é uma das principais marcas daquela experiência que permanece em múltiplas dimensões: "a lei de 1979, que beneficiou os oposicionistas, mas também foi uma autoanistia, tornou-se a principal cláusula da transição democrática dos anos 1980 e consagrou a impunidade" (FICO, 2012, p. 51).[25]

---

[25] Ainda segundo Carlos Fico, "a frustração diante da impunidade e da ausência de uma verdadeira ruptura torna a transição brasileira um processo que não terminou" (FICO, 2012, p. 52). Um trauma não é também uma experiência que não termina? Deixando de lado o psicologismo que permeia a noção de frustração, provisoriamente poderíamos dizer que a noção de trauma poderia ser utilizada com mais rigor tendo por base as seguintes questões: de que tipo de trauma está se falando? Para quais atores? Referindo-se a quais eventos no interior do que chamamos de Ditadura Militar brasileira? É necessário enfatizar que há múltiplas experiências da história em uma mesma temporalidade, bem como de memórias, as quais podem ser, ao mesmo tempo e/ou para certos atores, permeadas, entre outros afetos, pelo trauma, pela mágoa, pela nostalgia, pela esperança, pela frustração, pela vingança, pelo ressentimento, pelo arrependimento, pelo medo e pelo perdão (cf. GAGNEBIN, 2010; FERNANDES, 2012; TELES; SAFATLE, 2010; NAPOLITANO, 2020; TEIXEIRA, 2012). O livro de Bevernage (2012) é fundamental para o debate dessas questões. Porém, essa obra analisa situações e contextos nos quais ocorreu um in-

Sendo assim, não deixa de ser justo que a Comissão de Anistia do Ministério da Justiça do Brasil, no interior do projeto de uma anistia sem amnésia, tenha pedido *desculpas*, e não perdão pelos erros cometidos pelo Estado durante a Ditadura Militar (cf. Abrão; Torelly, 2010).

Saindo do caso brasileiro para ampliar a questão, utilizaremos como exemplo o caso recente de 2019 em que o presidente mexicano André Manuel Lópes Obrador pediu ao rei da Espanha, Felipe VI, que o país europeu pedisse perdão pelos abusos cometidos, em especial, aos povos originários durante a "conquista espanhola": "peça perdão aos povos originários pelas violações ao que atualmente se conhece como direitos humanos".[26] Só assim seria possível uma "reconciliação plena".

No ano de 2021 completaram-se, ao mesmo tempo, os 500 anos da caída de Tenochtitlán, atual Cidade do México e na época capital do império Asteca, e os 200 anos da independência do país. A carta abriu um grande debate entre os dois países sobre os sentidos contemporâneos da reparação histórica, bem como dos interesses políticos envolvidos. O país europeu argumentou que o pai do atual monarca, em 1990, havia se desculpado pelas atrocidades cometidas durante a conquista. Cabe destacar que o pedido de López Obrador foi rejeitado pelo Exército Zapatista de Libertação Nacional que denunciou as intenções políticas do presidente mexicano. Alegam, dentre outras coisas, que "brincar com o passado longínquo" era uma estratégia para justificar crimes atuais e em curso. Em maio de 2021, o presidente do México pediu perdão ao povo Maia pelos "terríveis abusos"

---

tenso trabalho de memória, de luto e de justiça. Ao que parece, já que desconheço estudos historiográficos sobre o tema, o caso brasileiro se dá pela via do abuso do esquecimento, muito mais próximo do caso espanhol (cf. PRONER; ABRÃO, 2013).

[26] Disponível em: https://bit.ly/3A8JfYF. Acesso em: 06 out. 2021.

cometidos contra eles desde a "conquista", em especial, durante um período conhecido como Guerras de Castas (1847-1901), na qual se estima que 250.000 pessoas foram mortas. Um dos representantes maia presente na solenidade solicitou que abandonassem as palavras e as convertam em fatos concretos e solicitou, dentre outras coisas, a criação de uma comissão de memória para o povo maia. O grupo de historiadores maias Chunnt'aan Maya, de Yucatán, afirmou que "talvez o pedido de perdão possa ser uma oportunidade para sentarmos e conversarmos sobre nossas demandas".[27]

Sendo assim, cabe a pergunta: quem perdoa? Quem é o autor, por assim dizer, do perdão? Para Ricœur (2007, p. 486), "somente o outro pode perdoar, a vítima". O perdão pode vir,

---

[27] Disponível em: https://bit.ly/2YkKhDw. Acesso em: 29 ago. 2021. Sobre as relações entre justiça, história e temporalidade ameríndia, ver, em especial, Pereira, 2019; Bianchi, 2018 e 2019. Sobre a questão do perdão no México atual, ver, em especial, Silva; Kalil, 2019; e Neto, 2020, p. 213-214. De todo modo, cabe esclarecer que, para Paul Ricœur, a profundidade do ato de perdoar ultrapassa as possibilidades da razão de compreender, pois ele é incondicional, sem exceção e restrição. Do contrário, assistimos apenas ao teatro, ao simulacro, à encenação do arrependimento. Ricœur é enfático ao afirmar que crimes contra humanidade e crimes de genocídio devem ser considerados imprescritíveis e constituem "um imperdoável de fato" (RICŒUR, 2007, p. 479). "São os crimes que são declarados imprescritíveis. Mas são os indivíduos que são castigados. Contanto que culpado signifique punível, a culpabilidade remonta dos atos a seus autores" (RICŒUR, 2007, p. 480). Em se tratando de crimes extremos Ricœur cita e concorda com Jankélévitch: "o perdão é forte como o mal, mas o mal é forte como o perdão". Nessa direção, Silveira, 2021 relaciona a controvérsia, em especial, a virtual com o perdão. Para ele, trata-se de homólogos estruturais em sentido inverso. Dentre outras questões que dialogam com nossa reflexão, o autor recupera o ditado popular que "a internet não perdoa" e, nesse sentido, "qualquer política de esquecimento na internet é uma política de esquecimento forçado – ingênua quando nostálgica de uma época em que lembrar parecia mais natural, danosa quando concede ao apagamento dos rastros a possibilidade de configurar novas memórias" (p. 316).

assim, a ser uma *poética* da existência. Ricœur (2007, p. 485) admite que a sabedoria política deveria determinar um limite, a fim de que o círculo das vítimas pare de crescer "para se precaver contra os excessos da tendência contemporânea à vitimização".

Roberto Vecchi (2020) pergunta, mesmo admitindo o constrangimento: pode-se criticar a vítima? Segundo o autor, o lugar de destaque que a figura da vítima ocupa na literatura brasileira remete a "um oco ou um vazio da vítima no plano social. Fora da literatura e dentro da vida, a vítima se torna socialmente uma não inscrição, se expõe pela sua indecidibilidade" (2020, p. 425). Pensar sobre a figura da vítima em nossa história não significa apenas refletir sobre a justiça de transição, em especial no que se refere às vítimas da tortura, do assassinato e do desaparecido em nossa última Ditadura. Seria preciso levar em conta também outras injustiças históricas, por exemplo, o lugar do escravo, do ex-escravo e da escravidão na constituição e na atualidade da nossa história.[28]

Ricœur pode ter razão quando afirma que "caberá ao conhecimento histórico prosseguir essa dialética do desligar-ligar no plano da atribuição da memória a todos os outros que não eu e meus próximos" (Ricœur, 2007, p. 503). Por outro lado, haveria uma ética baseada em um universalismo abstrato? Para fugir desse risco, seria preciso articular universalidade e histo-

---

[28] Em suas palavras: "fora da literatura e dentro da vida, a vítima se torna socialmente uma não inscrição, se expõe pela sua indecidibilidade. A impressão surge quando pensamos em alguns fatos trágicos da história do Brasil, me refiro, a puro título de exemplo, à mobilidade da figura do escravo (ou ex-escravo) que representa, dentro da sociabilidade freyriana, o amigo-inimigo incessantemente oscilante entre os dois polos, ou, em épocas mais recentes, o opositor do regime militar que se constitui como inimigo ('interno'), e não vítima de uma outra violência política. Atreveria-me, portanto, a assinalar um regime pelo menos duplo da vítima cujas raízes talvez decorram de efeitos profundos de relações de violência oriundas da experiência da colonialidade" (VECCHI, 2020, p. 425).

ricidade por intermédio da noção de "universais em contexto", isto é, assumir o paradoxo "de uma parte, manter a pretensão universal ligada a alguns valores onde o universal e o histórico se cruzam; de outra parte, colocar essa pretensão em discussão, não no nível formal, mas no nível das convicções inseridas nas formas da vida concreta" (Ricœur,1990, p. 336. Cf., também, Rouanet, 2009).

Mas o esperançoso Ricœur já apresentava algum tipo de dúvida em relação à ideia de uma reconciliação nacional ou uma reconciliação entre povos e nações, pois esse tipo de empreitada "não somente requer muito tempo, mas um trabalho sobre si em que não é excessivo discernir algo como um incógnito do perdão sob a figura de um exercício público de reconciliação política" (Ricœur, 2007, p. 492). Já que os povos não perdoam, o que há, em geral, é um trabalho público de memória e de luto.[29]

---

[29] Ricœur reafirma, assim, a importância do jogo entre o ligar-desligar, pois não é a erosão temporal que pode revogar o passado do irrevogável, mas o ato que desliga. Nessa dimensão, o remorso desempenha um papel ativo, ainda que a revogação deixe um resíduo irredutível, a parte inelutável do luto. Para o autor: "a história pode ampliar, completar, corrigir e até mesmo refutar o testemunho da memória sobre o passado, mas não pode aboli-lo. Por quê? Porque segundo nos pareceu, a memória continua ser a guardiã da última dialética constitutiva da preteridade do passado, a saber, a relação entre o 'não mais', que marca seu caráter acabado, abolido, ultrapassado, e o 'tendo sido', que designa seu caráter original e, nesse sentido, indestrutível" (RICŒUR, 2007, p. 493). Desse modo, Eliana Dutra (2013) tem razão, ao afirmar que o filósofo francês reivindica "um estatuto teórico próprio para a memória" (DUTRA, 2013, p. 80). Cabe dizer que há também nesses pontos um diálogo com Heidegger, afinal, ao contrário de uma crítica comum e negativa, a memória é, para Ricœur, uma capacidade, o poder fazer-memória, "ela é mais fundamentalmente uma figura do cuidado, essa estrutura antropológica básica da condição histórica" (RICŒUR, 2007, p. 655). (cf., também, NICOLAZZI, 2014; MENDES, 2019).

Assim, até que ponto as demandas por reparação do passado podem mesmo ser relacionadas à emergência de uma nova utopia política? (GARAPON, 2008). Creio que, sob um ponto de vista especulativo, o interesse por questões éticas por parte dos historiadores pode estar relacionado, também, ao retorno da memória impedida/ferida. Já não se saberia ou se poderia distinguir o que é passado e presente; o que deve ou não ser esquecido ou perdoado; o que precisa ou não ser elaborado. Tudo leva a crer que o luto inacabado (ou seria um tipo de remorso, de negação, de frustração ou de melancolia?) pode alimentar lembranças sem fim que não se transformam ou não realizam o trabalho de luto e de elaboração?

Estamos de acordo também com Andreas Huyssen, que afirma: "a instauração ativa de processos por violações dos direitos humanos nos tribunais também depende da força dos discursos da memória na esfera pública – no jornalismo, nos filmes, nos meios de comunicação, na literatura, nas artes, na educação e até nas pichações urbanas" (2014, p. 200). Nesse sentido, quais são as fragilidades dos discursos da memória na esfera pública no Brasil? Uma boa resposta passa por compreendermos melhor a permanência de nossas diversas estruturas de repetição.

No Brasil, no que se refere aos crimes praticados pela Ditadura Militar, acredito que a ausência e/ou incompletude da justiça, punição, reparação e criminalização colocam o perdão em suspenso ou mesmo o torna impossível. É um horizonte ainda não realizado, uma possibilidade para deixarmos o passado-presente para trás. No processo de coalizão de temporalidades, o abuso de esquecimento (com seus silenciamentos e distorções) tem se superposto às possibilidades que a memória, a história, a reparação, a criminalização e a justiça nos oferecem para reescrevermos e reelaborarmos a vida, especialmente em sociedade. Em relação ao caso brasileiro, penso que podemos dizer que o tempo do perdão não chegou e pode não chegar, em primeiro lugar, para as vítimas diretas e seus descendentes; e, em segundo lugar, para os que lutam no presente e lutaram no passado pela justiça, pela igualdade e pela felicidade, mesmo que ela possa ser "a gota de orvalho numa pétala de flor" (cf. RANGEL, 2018).

O tempo do perdão é um horizonte, uma busca, uma esperança que pode contribuir para a ação, talvez mais do que o espírito de vingança, entendido como uma "reação natural" oposta ao perdão: "a decisão de perdoar é expressão de um desejo de segunda ordem de não agir segundo nossos sentimentos de primeira ordem, como o rancor e a vingança. O que não significa que o senso de rancor ou o desejo de vingança desapareçam" (MARGALIT, 2006, p. 168). Assim, não devemos superestimar a importância do perdão. Ainda que perdoar possa significar vencer a raiva e a sede de vingança, "pode acontecer que a raiva e a sede de vingança sejam domadas sem que o perdão aconteça" (MARGALIT, 2006, p. 157). Apesar desse limite, o perdão pode, em um plano simbólico, significar a vitória da memória sobre o ressentimento. Margalit (2006), em sua investigação sobre a ética da memória, apresenta uma alternativa à impossibilidade da punição: a expressão do remorso/arrependimento por parte daqueles que cometeram o erro.

Penso que a escrita da história, a midiatização, as guerras culturais, as memórias e a ficção podem, em geral, abrir possibilidades éticas e políticas, mesmo que limitadas, de *tratar* a ferida, instituindo a fala e o dissenso, domesticando até certo ponto a injustiça, a vingança e a mentira (cf. MARCELINO, 2020 e 2021). No entanto, no caso do Brasil, qualquer forma de tratamento encontra um limite preciso e definido: a impunidade.[30]

---

[30] Constantemente a questão reaparece nas páginas da impressa brasileira. Em fins de agosto de 2021, por exemplo, um colunista do portal UOL afirmava em título de reportagem: "Lei de Anistia perpetua 'cultura da impunidade' e será questionada na ONU". Disponível em: https://bit.ly/3ldwibR. Acesso em: 25 ago. 2021.

Tendo em vista o passado-presente brasileiro, cremos que a pergunta justa, em grande medida, deveria ser: é tempo de punição e de arrependimento? Nessa direção, a negação e/ou revisionismo brasileiro que se amplia(m) cada vez mais desde 2012 e, de modo especial, após a ascensão de Bolsonaro, em 2018, também não pode(m) ser visto(s) como uma *re-ação* a uma frágil inscrição pública? Os conflitos de memória, para terem certa memória compartilhada, necessitam da intervenção de um terceiro, a fim de que o dissenso seja parte do conviver com a pluralidade. As disputas de memória são também disputas de poder, em especial os conflitos em torno de um tempo que ainda é atual. Uma alternativa a essa instabilidade é a projeção política da memória e da verdade no espaço público, muito além das recordações de grupos ou indivíduos (cf. SELIGMANN-SILVA, 2014; GIL, 2007; VECCHI, 2015).

Um sintoma do desenvolvimento de certa inscrição frágil, mas também da fragilidade de nossa memória *re-elaborada*, é o livro *Ainda estou aqui,* de Marcelo Rubens Paiva (2015), que apresenta relatos das lutas da mãe, da família e de si mesmo como um autor marcado pelo desaparecimento do pai durante a Ditadura Militar. Trata-se de um dos casos mais simbólicos de desaparecimento daquele período: o do deputado Rubens Paiva, em janeiro de 1971. Como a mãe sobreviveu? Como a mãe *reescreveu* a própria vida? Ao mesmo tempo que as Comissões da Verdade (nacionais e regionais) trabalhavam, o autor era afetado, em 2014, pelo nascimento do filho e pela memória que a mãe perdia. O pai, uma vítima da Ditadura. A mãe, uma combatente da Ditadura. Mas contra uma ideia corrente de que o luto só foi vivido privadamente, o autor destaca: "a família Rubens Paiva não é vítima da Ditadura, o país que é. O crime foi contra a humanidade, não contra Rubens Paiva" (PAIVA, 2015, p. 39).

A mãe, Eunice, depois do desaparecimento do marido, tornou-se advogada e defensora dos direitos dos indígenas, além de lutar pela justiça e verdade a respeito da morte de Rubens Paiva.

Em 2008, foi interditada em função das consequências do avanço do mal de Alzheimer e não pôde testemunhar as homenagens feitas à memória do marido, por exemplo, a denominação da comissão de São Paulo como Comissão da Verdade Rubens Paiva (PAIVA, 2015, p. 251), além do esclarecimento de fatos há muitos anos acobertados: "o que não aconteceu em décadas, aconteceu em meses" (PAIVA, 2015, p. 251). Um dos capítulos do livro se chama "Depois do luto" e, na verdade, revela-se um mal-estar que acompanha a leitura e é expresso pela interrogação colocada ao final: depois do luto? Evidentemente o luto ainda não passou e não passará.

Ainda que o livro possa ser entendido também como parte dessa elaboração individual, familiar e pública, o destino privou a mãe, em parte, da verdade e da justiça: "a doença chegou no ano em que ela ganhou a ação que começou nos anos 1980 e que obrigava a União a ressarcir o seguro de vida que ela não pôde resgatar" (PAIVA, 2015, p. 259). Mas nessa situação metafórica de degeneração da memória não se perde tudo, afinal, diz a mãe em um momento de lucidez: "Eu ainda estou aqui" (PAIVA, 2015, p. 262). Ela ainda não morreu, mas morrerá. Entretanto, a morte do pai não tem fim. O livro termina com a denúncia realizada no Supremo Tribunal Federal pelo Ministério Público Federal contra cinco militares responsáveis pelo homicídio de Rubens Paiva. Na última página, em uma nota do autor, ele afirma: "o caso Rubens Paiva está longe de terminar" (PAIVA, 2015, p. 295).[31] E não estava mesmo. Em 2018, Marcelo Rubens Paiva escreveu um artigo com um título que procurava se posicionar em relação às guerras, estimuladas pelo mandatário da presidência no momento em que seu pai era novamente evocado: "As mentiras e ódio de Bolsonaro pelo meu pai".[32]

---

[31] A questão do Alzheimer, do dever de lembrar e da relação entre pais e filhos aproxima o livro de Paiva da obra *O esquecido,* de Elie Wiesel (cf. WEINRICH, 2001, p. 251-259).

[32] Disponível em: https://bit.ly/3AdktXo. Acesso em: 18 ago. 2021.

Nesse sentido, é preciso considerar que, nos últimos anos, o silêncio vem sendo quebrado e tem havido certo reconhecimento de direitos de vítimas e de famílias das vítimas, bem como uma reação a esse reconhecimento, em especial após a ascensão de Bolsonaro, pelo próprio Estado e forças armadas. Assim, as análises de Daniel Aarão Reis (2000; 2010) são insuficientes para a complexidade que observamos entre 2012 e 2014. Se antes era considerada "incômoda" (AARÃO REIS, 2000), em especial, após 2012-2014, a memória da Ditadura tem se tornado objeto de disputa, de conflito, de interpretação, de revisão. Em grande medida, tais mutações se devem às quebras (parciais e frágeis) dos silêncios e silenciamentos que encobriam e sustentavam tal incômodo (cf. SCHMIDT, 2006; SCHNEIDER, 2011; FERNANDES, 2012).

Porém, como já foi dito, a vigência da Lei da Anistia de 1979 é apontada pela maioria dos estudiosos, em especial por historiadores e juristas, como um dos maiores obstáculos à construção de uma possível (e utópica?) memória compartilhada sobre aquele passado-presente, além de legitimar a impunidade. Nesse sentido, pode-se considerar o Brasil uma exceção em relação aos seus vizinhos latino-americanos, em cujos países, por exemplo, as vítimas e os seus representantes ganharam um amplo protagonismo memorial público. Mas, não se pode, no entanto, dizer que a nossa justiça transicional incompleta seja a única responsável pelos males da nossa democracia, como se a própria experiência democrática, após a Constituição de 1988, não fosse responsável por sua historicidade, escolhas, acertos e erros. Se assim fosse, teríamos que assumir, por exemplo, que a Argentina vivencia uma qualidade democrática superior à nossa.[33]

De todo modo, cabe às Forças Armadas brasileiras, no mínimo, o reconhecimento de sua responsabilidade em relação aos

---

[33] Sobre as políticas de memória brasileiras e argentinas, ver Bauer, 2014; Quadrat, 2011.

crimes cometidos durante a Ditadura, como sugerido pelo relatório final da Comissão Nacional da Verdade. Mas, levando-se em consideração o atual estágio do conflito, alimentado ainda mais pelo contexto pré e pós-eleição presidencial de 2014 e, em especial, de 2018, tal tomada de posição está cada vez mais distante, pois, pelo que se pode perceber, não há consciência efetiva do erro ou, no mínimo, um arrependimento público. Não há também clima político para a revisão e/ou anulação da Lei da Anistia no Congresso ou no Supremo Tribunal Federal.[34] Ainda assim, convém destacar que, em março de 2014, em pesquisa do *Datafolha*, crescia o número de entrevistados a favor da anulação da Lei de Anistia: 46% favoráveis e 37% contrários. Segundo a pesquisa, "os resultados mostram uma sociedade dividida".[35] Chama a atenção também o fato de 80% dos entrevistados terem defendido que tanto ex-militantes de esquerda quanto torturadores deveriam ser julgados no presente.

A intervenção de um terceiro, no caso, de uma Comissão da Verdade sem poder punitivo, abriu a possibilidade do debate e criou algum tipo de distância entre as vítimas e os agressores. Não podemos menosprezar, no plano simbólico e na realidade, os efeitos positivos e negativos dessa distinção.

Diversos conflitos, posições e argumentos aqui citados e analisados estão mais relacionados a confrontos de interpretação e a estratégias do esquecimento (por meio das brechas constitutivas das variações do trabalho de configuração narrativa) do que *apenas* a uma deturpação e negação da factualidade (a crítica, nesse nível, como dissemos, é um procedimento

---

[34] Emílio Meyer (2012) descontrói e crítica a decisão de 2010 do Supremo Tribunal Federal na Arguição de Descumprimento de Preceito Fundamental n.º 153/DF que negou a revisão da Lei de Anistia.

[35] Disponível em: https://bit.ly/37D0jKz. Acesso em: 06 jul. 2015. Ver também: https://bit.ly/3jWjxR1. Acesso em: 4 ago. 2015.

necessário, mas insuficiente para a desconstrução e confrontação da negação, do negacionismo e do revisionismo). No Brasil, a crítica histórica apresenta muitas dificuldades em ter o privilégio da condução dos debates públicos. Em sua função mediadora, talvez possa contribuir modestamente, ao oferecer opções éticas melhores e mais justas por intermédio de sua função crítica. Assim, destaco que a presença de um passado irrevogável não é uma condição exclusiva das vítimas diretas e indiretas de alguma forma de violência. Seria interessante, assim, estender e complexificar a compreensão que Berber Bevernage (2012) tem em sua contraposição entre o discurso da vítima e o discurso da historiografia.

Reiteramos que a negação, o negacionismo e algumas formas de revisionismo são formas radicais e perigosas de fundamentalismos (diverso, portanto, do relativismo cultural, que é inclusivo e reconhece o valor da diversidade), pois coloca em questão o fato histórico e a verdade factual com base em lógicas de justificação e dissimulação que pretendem extrapolar, estender, manipular e, no limite, negar o poder de veto das fontes históricas. Desse modo, além da refutação e da desconstrução factual, é preciso criar espaço de diálogo, de liberdade e de pluralidade para que se estabeleçam os limites das narrações, interpretações e representações.

Assim, o relatório final da Comissão da Verdade criou a possibilidade ética e política de justiça, ao estabelecer uma distância entre a vítima e o agressor, fundamentalmente ao definir os crimes e nomear os criminosos. Em tempos de crescente desterritorialização da memória, as guerras de memória, como invocação à lembrança, contribuem para um importante trabalho público, apesar de a internet criar maiores possibilidades de desenvolvimento e expressão da negação e/ou revisionismo. Em grande medida, a maioria dos colaboradores da Wikipédia, por exemplo, tem se portado como guerrilheiros da factualidade do passado, mesmo que prisioneiros de uma concepção de verdade que poderia ser chamada de realismo ingênuo.

Nessa direção, sustento que há indícios de que pode estar acontecendo, no Brasil contemporâneo, uma transformação da lógica da não inscrição (GIL, 2007) para a da inscrição tênue (SELIGMANN-SILVA, 2014), isto é, da inscrição em fase inicial de elaboração e/ou fixação, ainda que atravessada ou, até mesmo, paradoxalmente alimentada e amplificada pela negação, negacionismo e/ou pelo revisionismo. Mesmo que não haja uma relação direta, é provável que sejam, entre *vários outros* fatores sincrônicos e diacrônicos, efeitos da presença da Comissão Nacional da Verdade durante os anos 2012-2014.

CAPÍTULO 3

Tempos de popularização da história? Questões em torno da Wikipédia

Imagem-lembrança

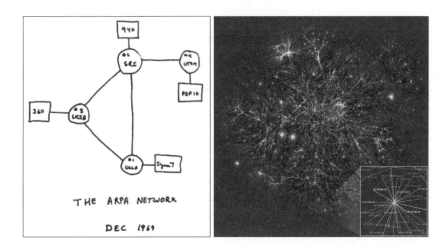

Imagens 8 e 9. Mapa da internet em 1969 (ARPANET com seus 4 primeiros nós) e mapa parcial da internet em 2005.

> A web se define como um espaço que pertence a todos ao mesmo tempo em que frustra toda a ideia de passado. [...] A sensação de infinitude criada pela web não faz diminuir nossa velha sensação de infinitude inspirada por bibliotecas antigas; ela apenas lhe conferiu uma espécie de inteligibilidade tangível (PIGLIA, 2004, p. 186; 264).[36]

---

[36] De forma bastante simples, podemos dizer que a internet é uma rede que conecta milhares de computadores, ao passo que a World Wide Web (web)

Ponto de partida

A narração do passado, levada a cabo pela Wikipédia, é uma narrativa conservadora e não pode não sê-la. [...] as vozes na Enciclopédia livre podem ser consideradas frequentemente fruto de uma visão da história que podemos definir como "pré-Annales". [...] Wikipédia tem em seu interior um "debate historiográfico", mas não sendo um debate entre especialistas fatalmente ele se coloca no nível do *mass media* e da opinião pública (BALDO, 2015).[37]

I. Dois casos: uma discussão e uma eliminação na Wikipédia

Pesquisando nos arquivos da Wikipédia encontrei duas "discussões" que serão utilizadas como escala inicial, como ponto de partida para operar o princípio de variação de escalas, mas tendo como pano de fundo a citação de Tommaso Baldo. O primeiro caso ocorreu no ano de 2012, na página de discussão do verbete "Regime Militar no Brasil",[38] da Wikipédia em português. Em 21 de junho de 2012, um dos colaboradores, registrado como Gutim, afirmava:

é uma das várias ferramentas de acesso a essa rede que possibilita que documentos em hipermídia sejam interligados e executados. Seguir hiperligações é, em geral, considerado como ato de surfar ou navegar na *Web*. Cf. https://bit.ly/3AbY0K1; https://bit.ly/3iCsI9e.

[37] Utilizamos essa reflexão de Baldo como um exemplo paradigmático do que muitos historiadores profissionais pensam sobre a Wikipédia. No entanto, por justiça, é preciso dizer que o próprio autor, em texto posterior (BALDO, 2017), reconheceu os limites e as contradições de sua primeira reflexão (2015).

[38] Desde 2013, a página passou a se chamar "Ditadura Militar no Brasil (1964-1985)".

não tenho *fontes altamente fiáveis* para fazer o que pretendo, mas vou esclarecer o que é. Já li e ouvi os pareceres de muitos esquerdistas e direitistas acerca do governo Castelo Branco. O mais comum é que o referido governo foi o melhor da época que antecedeu o endurecimento da Ditadura Militar. [...]. Afinal, *por estas fontes que não posso usar*, concluo que o Brasil poderia facilmente ter tido um presidente eleito democraticamente um ano e meio do Golpe de 1964. Por estas razões, se tivesse *como fiáveis estas fontes*, eu adicionaria ao artigo. Disponível em: https://bit.ly/3CLmYTa. Acesso em: 13 ago. 2021 (Grifos nossos).

Percebem-se, pelos itálicos nessa citação, as dimensões das normas definidas pelos colaboradores da Wikipédia para a análise e a utilização de fontes. Elas prezam, por exemplo, a imparcialidade e a verificabilidade. Essas regras interditam a utilização do testemunho oral que não possa ser objeto de crítica e/ou verificabilidade, como se atesta na citação em questão. Rosenzweig (2011) destaca que a ideia de imparcialidade (ou o desejo de imparcialidade) é um mito fundador que fornece uma base discursiva compartilhada entre os colaboradores. Ainda segundo o autor, dado seu modo coletivo e a política de neutralidade, a Wikipédia tende, em tese, a evitar afirmações polêmicas, interpretações sensacionalistas e teorias da conspiração.

A obediência a essas regras cria um filtro, como se vê na hesitação do colaborador em escrever que o "governo Castelo Branco" "foi o melhor da época que antecedeu o endurecimento". Mesmo que talvez o faça de forma ingênua, cabe destacar que o autor aborda um tema discutido pela historiografia contemporânea: a transformação do golpe civil-militar em uma Ditadura Militar, ao mesmo tempo em que consagra uma versão hegemônica da memória e de certa historiografia (hoje mais contestada) de que teria havido em 1968 um "golpe dentro do golpe".[39]

O segundo caso trata do processo de eliminação de um artigo. Nem sempre é apenas um grupo buscando tornar hegemônica sua própria visão do passado. Se um leitor da Wikipédia lusófona procurar o artigo "Revolução de 1964", ele será redirecionado para o artigo "Golpe de Estado no Brasil em 1964". Esse redirecionamento é fruto de uma discussão, ocorrida entre 6 e 12 de agosto de 2008, para eliminar um artigo denominado "Revolução de 1964". Um dos argumentos utilizados pelo usuário identificado como Dornicke para eliminar o artigo e redirecionar a busca afirma: "existe uma definição incontroversa do fato: Golpe de 64. É a versão *largamente aceita pela historiografia*, e até por boa parte da literatura militar" (grifos nossos).[40]

Sob meu ponto de vista, os artigos, bem como as duas seções, "discussão" e "histórico", devem ser entendidos como um teatro de operação, cuja cartografia se modifica constantemente. Sendo assim, apesar de concordar em vários aspectos com a perspectiva apresentada por Tommaso Baldo (2015) – em especial no que diz respeito aos riscos do negacionismo, das falsificações, das distorções e das dissimulações, como apontado no capítulo dois –, gostaria de enfatizar aqui minhas discordâncias com relação a ela. As fontes, a hesitação do colaborador Gutim e o caso de eliminação contradizem o ponto de vista de Baldo, o qual afirma

---

[39] Cf., por exemplo, entrevista de Carlos Fico no Café História TV, 2014. Disponível em: https://bit.ly/2XuoY29. Acesso em: 16 nov. 2014. Mais ou menos na linha de Fico, prefiro a expressão "Ditadura Militar" em detrimento de "Ditadura Civil-Militar", pois, ainda que tenha havido aliança com setores civis – como foi o caso, inclusive, da Argentina –, a maioria das decisões centrais ficou nas mãos dos generais. Talvez, depois da ascensão de Bolsonaro ao poder, pudéssemos dizer que a Ditadura foi Militar-Civil e o governo Bolsonaro, Civil-Militar.

[40] Disponível em: https://bit.ly/2VKSdx9. Acesso em: 13 ago. 2021.

que o debate historiográfico nas páginas da Wikipédia se faz no nível da opinião.

Cabe dizer que a relação entre verdade factual e opinião foi desenvolvida por Hannah Arendt (1995) em um texto de 1967, no qual aponta os perigos de se tratar como mera opinião aquilo que não se pode mudar, isto é, a verdade factual. A filósofa pergunta se existiria algum fato independente da opinião e da interpretação, e responde dizendo que, "mesmo se admitirmos que cada geração tem o direito de escrever a sua própria história, recusamo-nos a admitir que cada geração tenha o direito de recompor os fatos de harmonia com a sua própria perspectiva; não admitimos o direito de se atentar contra a própria matéria factual" (ARENDT, 1995).

Arendt destaca os riscos da redução ou diluição da verdade factual (contingente e dependente do testemunho confiável) na opinião, bem como dos desdobramentos de sua destruição (tendo em vista o apagamento da distinção entre fato e ficção) pela mentira e manipulação política. Uma opinião só deixaria de ter legitimidade geral quando surgisse uma nova evidência e/ou pelo debate constante que enfatize as bases frágeis do consentimento provisório. Nesse sentido, opinião e verdade factual não se opõem, pois opiniões fundadas em verdades factuais tendem, em tese, a se tornar mais persuasivas. Exemplos aqui destacados mostram que pode haver algum tipo de convergência, nas páginas da enciclopédia virtual, entre busca pela verdade factual e opinião.[41]

---

[41] No que se refere à questão da verdade histórica, compartilho do entendimento expresso pelas reflexões de Breno Mendes a partir de Paul Ricœur, a saber: "se a verdade, particularmente, a histórica, não deve ser reduzida à mera verificação, disso não se deve deduzir um relativismo insensato, que interdita ao conhecimento histórico a construção de algum tipo de verdade. [...]. Ainda que entremeada pela subjetividade, a história possui certo tipo de objetividade. Embora não chegue a uma verdade nua, crua e imutável, o saber histórico pode atingir uma verdade no âmbito da probabilidade, o que impulsiona a história a ser constantemente reescrita" (MENDES, 2015, p. 104).

II. Wikipédia, memória cultural e historiografia

Apesar de certas reticências com relação a totalizações e absolutizações com base, por exemplo, no frágil conceito de sociedade, apontada como sociedade do espetáculo, em rede, da transparência, líquida, etc., defendo a dimensão explicativa da noção de redes aplicada a certas transformações do tempo presente. A esse respeito, conforme apontado por Manuel Castells, está emergindo uma estrutura social mundial constituída por redes em diversas organizações e práticas sociais, fato que possibilita a formação da cultura da virtualidade real.

O autor afirma que a passagem dos meios de comunicação de massa tradicionais para sistemas de redes horizontais de comunicação em torno da internet e da comunicação sem fio é responsável pela multiplicação "de padrões de comunicação na base de uma transformação cultural fundamental à medida que a virtualidade se torna uma dimensão essencial da nossa realidade" (CASTELLS, 2011, p. I-II). Nessa perspectiva, a World Wide Web e a comunicação sem fio são meios para a interação, e tais mudanças ultrapassam a técnica e têm impacto em todas as linguagens e dimensões sociais, culturais, espaciais, temporais, subjetivas, entre outras.

Considerando-se os também problemáticos conceitos de memória cultural e cultura da escrita/recordação, Aleida Assmann (2011) identifica rupturas significativas no tempo presente ao afirmar, por exemplo, que "tanto na tecnologia de armazenamento quanto na pesquisa da estrutura cerebral vivemos uma mudança de paradigma, na qual a concepção de um registro duradouro de informações é substituída pelo princípio da contínua sobrescrita" (p. 24).[42]

---

[42] Tendo em vista as mutações em curso, Malerba (2017, p. 141), por exemplo, afirma: "o público consumidor de história se expandiu vertiginosamente nos

De fato, algumas das transformações tecnológicas, materiais, sociais, intelectuais e culturais do início do século XXI têm possibilitado a experimentação de modelos de produção de textos que estimulam a participação do público-leitor. Um desses instrumentos são os *wikis*, cuja característica consiste em, a princípio, qualquer um poder alterar os textos publicados em suas páginas da *web* a qualquer tempo. O *site* da Wikipédia, desde a sua fundação, em 2001, é um dos mais visitados do mundo, com mais de um milhão de acessos por dia e é, na verdade, a mais popular experiência em um *wiki*.

Um exemplo relacionado à concretude da galáxia da internet que explica o sucesso da Wikipédia é o fato de o popular buscador Google apresentar, pelo critério de relevância, as páginas da Wikipédia no topo do seu *ranking*, mesmo sem nenhum tipo de pagamento. A esse respeito, Robert Darnton afirma que "exceto pela Wikipédia, o Google já controla os meios de acesso à informação *on-line* da maioria dos americanos" (DARNTON, 2009, p. 37). Assim, a emergência da Web 2.0 propiciou uma vasta gama de debates acerca de questões relativas à noção de autoria, direitos autorais, produção e difusão do conhecimento no mundo virtual. A expressão Web 2.0 simboliza esse movimento que defende e cria estratégias para a participação do público na produção de conteúdos.

Contudo, a enciclopédia livre é objeto de muitas controvérsias. Para Roger Chartier (2012), por exemplo, a Wikipédia é um empreendimento democrático vulnerável, pois está exposta a erros e falsificações. Ela evidencia a tensão entre o

---

últimos anos, para muito além do público consumidor de livros – inclusive livros de história popular. [...]. Tanto uma coisa quanto a outra – a alteração do perfil do produtor de estórias quanto a expressão vertiginosa do seu público consumidor – se explicam em grande parte devido ao surgimento de novas mídias, particularmente a internet".

desejo de constituição de um saber coletivo e a profissionalização dos conhecimentos, já que o texto eletrônico possibilita transformações nas técnicas da prova e nas modalidades de construção e validação dos discursos de saber. Nesse sentido, Varella e Bonaldo (2020) destacam: "desafios relacionados às salvaguardas de acesso e à autoridade historiadora são por vezes recebidos como provocações que promoveriam a anulação do *gatekeeping* e a alienação daqueles que 'têm habilidades técnicas' [...]. A desconfiança e, por vezes, hostilidade com a qual a Wikipédia é tratada pode ser lida na chave desse estranhamento" (p. 150).

Um dos trabalhos históricos de maior fôlego sobre a dinâmica da Wikipédia afirma que suas páginas apresentam uma "poética popular da história", constituída de regras diferentes das dos historiadores profissionais, pois tende a ser mais anedótica e factual. Segundo o autor Roy Rosenzweig (2011), há pelo menos cinco razões pelas quais os historiadores deveriam se interessar pela enciclopédia multilíngue: 1) para compreender aspectos da demanda social pelo conhecimento do passado, que tende a ser diferente da pesquisa especializada; 2) porque ela possibilita pensar questões relativas à aprendizagem da História; 3) porque a abordagem epistemológica da Wikipédia se aproxima da praticada pelos historiadores: citar fontes, checar dados, garantir verificabilidade, preferir fontes primárias ou trabalhos de especialistas; 4) porque se pode entender, por meio dela, que o passado é objeto de disputa; e 5) para que os historiadores profissionais conheçam e pensem sobre as possibilidades disponíveis para a elaboração de outras formas narrativas e de difusão do conhecimento histórico.

A enciclopédia livre, pode, portanto, ser útil ao menos para refletir, negar ou problematizar um paradoxo que ronda a historiografia profissional e universitária. Estaríamos diante do paradoxo anunciado por Hayden White (2011, p. 125) nos seguintes termos: à medida que os estudos históricos se tornam mais científicos, tornam-se menos úteis para qualquer finalidade prática, inclusive para educar os cidadãos para a vida política?[43]

Mais do que um paradoxo, talvez estejamos aqui diante dos limites e da própria crise do conceito moderno de história, do historicismo e da forma como a historiografia foi produzida profissionalmente desde o século XIX, tal como discutido no primeiro capítulo. Jacques Revel (2010, p. 36), por exemplo, destaca que, para os fundadores da Escola dos *Analles*, Bloch e Febvre, a história permanece essencialmente empírica, em especial pela razão de que o "social não é jamais o objeto de uma conceituação sistemática, articulada". Ainda segundo o autor, a chamada segunda geração aprofunda esse novo empirismo ou positivismo crítico, em que o método ganha primazia em detrimento da teoria e das condições de produção históricas.

---

[43] Em linhas gerais, concordamos com a pesquisa recente de Phillips (2015), que expande os argumentos de Rosenzweig. Recentemente foi publicado um dos primeiros trabalhos em história sobre a Wikipédia no Brasil. Os autores, a título de conclusão, afirmam que: "A Wikipédia é uma comunidade de práticas que tem o conhecimento participativo como fundamento [...]. Por causa dessas características, a plataforma tem uma dinâmica de produção de conteúdo que inviabiliza o padrão tradicional impresso, fundado na autoria e na preparação e revisão anterior à publicação. Isso não significa, por outro lado, que os membros da comunidade não sejam tão interessados ou zelosos a respeito da qualidade dos verbetes. Significa, em primeiro lugar, que os verbetes estão em constante atualização. Se formos ler as demandas que o Projeto [Teoria da História na Wikipédia] recebeu dos membros da comunidade como parte de uma negociação mais ampla pela legitimidade dos verbetes, entenderemos que parcela considerável das reivindicações dizia respeito às dimensões heurísticas e epistemológicas" (VARELLA; BONALDO, 2020, p. 163). Cf. os textos da coletânea de Paletschek; Korte, 2012 que analisam a experiência da história disponível para amplas camadas sociais, tendo em vista a maior disponibilidade social de tecnologias de historicização. Cf., também, De Groot, 2009; Pimenta *et al.*, 2014.

Além disso, na medida em que os historiadores não monopolizam as experiências da história, as narrações, as memórias e mesmo as representações do passado, não há, em geral, certa ilusão sobre o poder efetivo da historiografia e do ensino de história? (cf. LAVILLE, 1999). Afinal, nos países do dito Ocidente,[44] muitos dos atuais nacionalistas, racistas, xenófobos, negacionistas e fundamentalistas passaram pela educação escolar orientada, em grande medida, pela historiografia acadêmica. Em 1991, por exemplo, 67% das pessoas na Alemanha tinham acesso a conteúdos históricos pela TV e 38%, pela ficção. Uma das conclusões possíveis é que, por outras vias, e não pelos estudos disciplinares, os cidadãos nutrem, continuamente, sua formação histórica (PALETSCHEK; KORTE, 2012).

Nesse sentido, tendo em vista um amplo estudo sobre a cultura de história sobre a Independência brasileira (1822), Pimenta *et al.* (2014) lançam uma pertinente questão para os historiadores que gostaria de compartilhar para encerrar esse item: "como e para que divulgar conhecimento histórico em uma sociedade que já possui numerosas formas de pensar e de representar a história? Há muitas respostas possíveis a essa pergunta. Quase todas, poderiam perfeitamente substituir a ideia de divulgação por aquelas de diagnóstico e diálogo. Diagnóstico de uma cultura de história, base para um diálogo com a própria sociedade" (p. 36).

III. Mutações da função autor?

No Mediawiki, o programa de computador que serve de base para a Wikipédia, todas as páginas *wiki* possuem outra correlata

---

[44] Uma questão que deveria atravessar reflexões sobre diversas Wikipédias diz respeito à variedade das historiografias ocidentais, às possibilidades de interação e resistência a elas, além da complexidade das tradições não ocidentais. Cf. Santos; Nicodemo; Pereira, 2017; Avelar; Bentivoglio, 2019.

para discussões e um histórico em que ficam registradas todas as edições feitas. As seções "discussão" e "histórico" constituem um arquivo das transformações e mutações do texto coletivo.

Uma ferramenta que ajuda a pensar sobre a importância crescente da Wikipédia como um dos meios privilegiados do nosso tempo para a popularização de uma cultura de história encontra-se, certamente, no interior da seção "ver histórico". Trata-se do contador ou verificador do número de visitas, em que podemos perceber a quantidade de acessos e a utilização da página desde a sua criação. O verbete "Ditadura Militar no Brasil", por exemplo, apresentava, em pesquisa realizada em 2017, uma média de 2.000 visualizações diárias. Mas, no dia 18 de abril de 2016, exatamente um dia após a controversa votação do *impeachment* da ex-presidenta Dilma Rousseff pela Câmara dos Deputados, ele atingiu o ápice de 14.762 visualizações. Como se sabe, uma das cenas de maior repercussão desse dia foi protagonizada pelo então deputado Jair Bolsonaro (PP), ao reverenciar a memória de Carlos Alberto Brilhante Ustra, que foi, em 2008, o primeiro oficial condenado em ação declaratória por sequestro e tortura durante a Ditadura Militar. A página dedicada à sua biografia, no dia 17 de abril de 2016, teve menos de 30 acessos diários, ao passo que, no dia seguinte, algumas horas após o referido pronunciamento, alcançou 193.242.

É possível perceber, como destacado no capítulo dois, que as batalhas *de* e *pela* memória, tendo por base a Wikipédia, carregam algumas especificidades da internet. A esse respeito, Louise Merzeau (2008, p. 288) afirma que é preciso verificar caso a caso como a rede cria guerras de memória e/ou culturais singulares. Para ela, o mosaico criado pela web favorece a manifestação das minorias e, por isso, acolhe uma polifonia de memórias mais ou menos fragmentadas e autoproclamadas. Uma das especificidades diz respeito ao fato de que, nas guerras *on-line*, a arma decisiva pode não ser o texto nem a audiência do *site*, mas as possibilidades criadas pelas ligações do hipertexto (cf. COSCARELLI, 2012).

Em geral, na dinâmica da Wikipédia, os antagonismos memoriais e/ou culturais são mediados, já que, caso uma guerra de edição (expressão sintomaticamente consolidada) se instale entre dois colaboradores, o artigo é bloqueado, ou seja, restringe-se o número de pessoas que podem editá-lo, reverte-se o artigo até a última edição anterior à polêmica e aguarda-se o estabelecimento de um acordo em sua página de discussão. Como mostra Tommaso Baldo (2015; 2017), a prática, no entanto, nem sempre é rápida e tranquila. De todo modo, há um aspecto a ser destacado: o meio – no caso, a Wikipédia – possibilita a restauração da polêmica como forma de criação do conhecimento.

Cabe destacar que qualquer um pode colaborar para a Wikipédia, porém a contribuição deve ser escrita, respeitando-se as regras e os procedimentos estabelecidos. Assim, as seções "discussão" e "histórico" arquivam as mutações e os debates, ao mesmo tempo que um artigo (em movimento perpétuo) é dado a ler: "mais que o último estado – sempre temporário – de cada texto, é essa genética do saber que faz sentido, pois é ela que possibilita a memória da comunidade [da Wikipédia]" (MERZEAU, 2008, p. 294).

Verifica-se nessa fonte de experimentação da escrita contemporânea que há uma mutação importante da figura autoral. Ela é diversa, por exemplo, daquela dos *blogs,* em que as noções de autoria e de propriedade intelectual estão mais próximas do suporte impresso. Nos *blogs*, em geral, a participação do leitor é restrita a um texto proposto pelo autor. Grosso modo, na enciclopédia multilíngue, há artigos em que a autoria é evidente, uma vez que, ao se analisar seu histórico, percebe-se que apenas um ou poucos editores elaboraram o texto em questão, havendo ou não a edição de outros colaboradores responsáveis apenas por pequenos ajustes. Nesses casos, as transformações da autoria em rede são mediadas pela identificação dos autores por intermédio do histórico dos artigos, o que possibilita a criação de meios indiretos para estabilizar a autoria (D'ANDREA, 2016).

Entretanto, há outros artigos, especialmente os mais antigos e com longos históricos, bastante acessados e editados, que problematizam a noção de autor, pois, ainda que seja possível analisar o que cada pessoa fez, vírgula por vírgula, é muito difícil reconstruir todo o processo de (re)escrita. Nessa direção, a Wikipédia é também um bom exemplo da atual mutação da ideia de arquivo (de algum modo, de evento e de história), ao menos do arquivo digital, pois tal *espaço* é constantemente atravessado e mesclado intensamente e de forma nova por quatro elementos: simultaneidade, imagem, instantaneidade e infinitude. Tal mudança implica pensar não apenas em crítica e método, mas também em novas formas de imaginação e representação.[45]

No que se refere à questão da escrita, é preciso destacar que a enciclopédia livre é constantemente plagiada. Gostaria de mencionar um caso anterior à acusação, em 2016, do filho do ex-presidente Lula.[46] Um artigo escrito, em sua maior parte, pelo usuário identificado como Tetraktys foi publicado sem grandes adaptações na revista *Leituras da história* (Ed. Escala, n.º 48, jan. 2012) e assinado por uma jornalista sem nenhum tipo de referência. O colaborador da Wikipédia, em correspondência com o diretor da publicação, afirma que:

> os créditos não devem ser dados a mim, mesmo que eu tenha sido o autor do texto, mas à Wikipédia. Todo o material

---

[45] Ver Silveira, 2016b. Para Silveira (2016a, p. 36), o arquivo digital tende a ser infinito, pois deriva sua autoridade do pressuposto de que ele não poderá ser integralmente consultado. Cf., também, Lucchesi, 2014.

[46] Disponível em: https://bit.ly/3jRFSPz. Acesso em: 13 ago. 2021.

encontrado lá é considerado na prática como "anônimo e coletivo" e é de uso livre e pode sim ser copiado literalmente. Nossas políticas autorizam até mesmo a cópia para fins lucrativos. Em contrapartida a essa mamata, só solicitamos do usuário a atribuição do crédito, conforme o especificado nas referências que lhe enviei em um dos primeiros *e-mails*.[47]

Cabe esclarecer que o adjetivo livre da Wikipédia significa que qualquer um pode editar, o que não significa que alguém possa fazê-lo da forma que desejar. Além disso, o livre remete também à licença do conteúdo presente na Wikipédia: uma licença livre, do tipo Creative Commons BY-SA, ou seja, que permite a livre distribuição, alteração e venda do conteúdo, por exemplo, desde que citada a fonte e que o conteúdo adaptado da Wikipédia também seja disponibilizado por uma licença igual ou equivalente. Essa duplicidade do adjetivo contribui para a produção colaborativa em bases comuns por intermédio da criação e da execução de projetos de larga escala, reunindo pessoas com diferentes origens e motivações, ligadas pela tecnologia e pelo sentimento comunitarista (Rosenzweig, 2011). Do ponto de vista do leitor, aprender a consultar alguns artigos em várias línguas e, em especial, a seção "histórico", a fim de verificar as versões, o grau de maturidade e/ou os colaboradores, pode ser um caminho para complexificar os usos da enciclopédia virtual.

Vandendorpe (2008) reflete sobre o que muitos consideram uma das ambiguidades da Wikipédia: a disfunção e a desestabilização do saber, ao mesmo tempo. Talvez por isso, Roger Chartier (2012) insiste no fato de que a debilidade reside na própria textualidade digital. O acesso imediato à informação desejada, a presença de artigos sobre temas ignorados pelas enciclopédias convencionais e a aparente neutralidade de uma obra sem autores demonstram e ilustram as promessas da textualidade digital; a

---

[47] Disponível em: https://bit.ly/2Ugaq4T. Acesso: 03 jan. 2017.

informação pode ser *atualizada* imediatamente, o acesso é livre, a construção é coletiva, sem pretensão de propriedade intelectual: "[a Wikipédia] pode ser considerada como um emblema de um modo de produção dos discursos que anula a função 'autor', que libera o conhecimento de sua propriedade editorial e constitui uma das possíveis formas da comunidade web" (2012).

Como também já destacado, os conflitos (tomados aqui, em geral, por meio da metáfora da guerra) *de* e *pela* memória e as guerras culturais contemporâneas no movimento da Wikipédia não são apenas uma expressão de opiniões particulares, pois são produzidos e/ou regulados por dispositivos construídos pelos colaboradores. Desse modo, mais do que o conteúdo sempre passível de transformação pública, analisar a Wikipédia implica pensar também nos arquivamentos, nas indexações, nas disputas, nas estratégias de controle e nas fontes utilizadas no interior das relações de força da enciclopédia livre.

Na Wikipédia, por exemplo, qualquer edição de um artigo torna-se disponível imediatamente, mesmo antes de qualquer revisão. Por essa razão, a regra de citar as fontes é constantemente violada e a bibliografia citada costuma ser incompleta e desatualizada (ROSENZWEIG, 2011). Num curioso exemplo de dupla hermenêutica, a própria enciclopédia no verbete Wikipédia em diálogo com o autor de *Clio Conectada* afirma, dentre outras coisas: "Roy Rosenzweig, em um ensaio de junho de 2006 que combinou tanto elogios como reparos à Wikipédia, teceu várias críticas à sua prosa e sua incapacidade de distinguir o que de fato é importante do meramente sensacional".[48]

Para evitar tais problemas, criou-se, ao longo do tempo, uma complexa estrutura de poder para controlar o processo de edição de textos. Além de programas de computador utilizados

---

[48] Disponível em: https://bit.ly/3lfQjhJ. Acesso em: 06 out. 2021.

para remover alguns tipos de "vandalismo", um texto pode passar por toda a estrutura hierárquica da enciclopédia. Todos são voluntários, e as funções não implicam heteronímia nos processos de decisão, com a busca de consenso ou por meio de votações em que todos têm votos com peso igual.

Além dos editores (qualquer membro cadastrado), são eleitas pela comunidade outras funções, como a de "autorrevisores" (cujas edições são identificadas imediatamente como confiáveis, mas que podem ser revistas e questionadas por qualquer membro, tal como as outras). A única diferença entre as duas funções: as edições dos autorrevisores aparecem com uma marca de confiáveis, pois eles possuem uma constância em realizar boas edições. Isso facilita o trabalho dos usuários que *varrem* o sistema atrás de edições de *vandalismos* ou de *novatos*. Há também os *reversores* (para os quais são facilitadas as ações que desfazem edições), os *eliminadores* (que deletam páginas, ainda que elas possam ser recuperadas a qualquer momento por um administrador) e os *administradores* (além das funções anteriores, podem bloquear alterações em caso de vandalismo ou de disputas editoriais e, também, contas de usuários em situações preestabelecidas pela comunidade). Além dessas, ainda temos as funções dos *burocratas* (que podem, por exemplo, renomear contas de usuários) e dos *stewards* (que verificam se uma conta é uma "conta-fantoche"– duplicada – de outro usuário).[49]

Portanto, tendo em vista a dimensão atualista da Wikipédia, na medida em que os artigos estão em constante atualização, a *enciclopédia livre* é um espaço de experimentação do que chamamos de historicidade democrática, na medida em que a enciclopédia desestabiliza, com riscos e potencialidades, a noção de autoria através da proliferação de sujeitos e lugares do conhecimento histórico (ABREU; BIANCHI; PEREIRA, 2018).

---

[49] A expressão "Web 2.0" simboliza esse movimento que defende e cria estratégias para a participação do público na produção de conteúdos.

IV. Dois exemplos de historiadores colaboradores[50]

Célio Filho, formado em Linguística e História pela Universidade Estadual de Campinas (Unicamp), é um dos administradores da Wikipédia lusófona e trabalha em diversos projetos da Wikimedia Foundation. Em 2004, começou a editar e, em 2005, criou a conta de usuário e foi eleito administrador. Em entrevista por *e-mail*, ele afirma que as Wikipédias contam com "artigos destacados" (*featured articles*) e "artigos bons" (*good articles*), em que os tópicos de História são uns dos mais bem representados.[51]

Para ele, usuários com grande especialidade são desejáveis ao projeto, mas podem ter dificuldades em suas contribuições iniciais, pois não têm experiência com escrita enciclopédica e com sustentação em fontes que sirvam de referência ao leitor. Ele também destaca a importância das parcerias entre a Wikipédia e algumas universidades.[52] Para Célio Filho, um diferencial da enciclopédia livre é o fato de ela não ser financiada por um único ou um pequeno grupo de pessoas, e um dos desafios constantes é tornar o público de editores heterogêneo.

Arthur Assis é professor na Universidade de Brasília (UnB), de Teoria e História da Historiografia. Começou a editar verbetes em 2005. Segundo ele, também em entrevista por *e-mail*, o projeto da Wikipédia é o que mais contribuiu para a

---

[50] Escolhemos dois historiadores que trabalharam como colaboradores nos primeiros anos da enciclopédia. Deixo registrado meu agradecimento aos dois, em especial, a Célio Filho pela leitura, crítica e comentários em diversas versões desse texto. Para um projeto de colaboração mais contemporâneo, ver Varella; Bonaldo, 2020.

[51] Cf. uma entrevista com cinco dos principais editores de uma série de artigos sobre o Império Bizantino em: https://bit.ly/3ADXMMv. Acesso em: 13 ago. 2021.

[52] Disponível em: https://bit.ly/2VSP1yR. Acesso em: 13 ago. 2021.

disponibilização e a difusão de informação factual. Além de colaborar para a popularização da História, ele destaca que a enciclopédia livre proporcionou, tendo em vista seu escopo, a difusão de conhecimentos de todas as áreas. Um mérito, segundo ele, da escrita colaborativa é o de facilitar a agregação de informações de caráter mais factual. O desafio estaria justamente na necessidade de maior adensamento analítico ou interpretativo.

Para Assis, mesmo que não haja um questionamento total da figura do autor, "mais interpretação pede mais subjetividade, e o modelo autoral (ou, eventualmente, coautoral) permanece imbatível". Ele ainda comenta que tende a contribuir mais em verbetes novos ou de pouco interesse, pois assim lida com informação básica. Por outro lado, a sua formação específica não é totalmente relevante, pois "boa parte do trabalho que fiz na Wikipédia poderia ter sido feito por qualquer pessoa alfabetizada e com algum sentido de organização".

V. Qual o horizonte temporal dessa poética popular da História?

Em agosto de 2021, havia na referida enciclopédia 50 milhões de artigos escritos colaborativamente, dezenas de milhares de usuários editores ativos em texto em 299 idiomas. Nessa data, havia mais de 1 milhão de artigos em português e quase 10.000 editores ativos. O *site* é um dos vinte mais acessados do Brasil e do mundo, e há 200 mil edições aproximadamente por mês só na Wikipédia em português.[53] Em 2008, a área "história e eventos" correspondia a cerca de 11% do conteúdo da enciclopédia em inglês.

---

[53] Cf., também, Filho, 2015. Disponível em: https://bit.ly/3FoIw9y. Acesso em: 23 ago. 2021.

Reportagens indicam que uma quantidade considerável de médicos tem utilizado a Wikipédia para dar diagnósticos, por vezes mesmo sem seus pacientes saberem.[54] Pelo que se pode perceber, a presença da enciclopédia livre em nossas vidas parece ser irreversível. Assim, uma das soluções diante, por exemplo, do problema do baixo número de usuários ativos poderia envolver a maior interação entre as comunidades acadêmica e a wikipediana. Até que ponto não seria louvável, inclusive do ponto de vista ético, político e prático, que futuros professores de História aprendessem nas universidades a colaborar de forma mais decisiva nesse projeto que, ao contrário, por exemplo, do Google, não visa ao lucro? (cf. VARELLA; BONALDO, 2020).

Em nossa perspectiva, portanto, a Wikipédia pode ser entendida como fonte, expressão, metáfora e símbolo das mutações contemporâneas da memória, da escrita da História e da experiência do tempo. É possível que ela seja o melhor exemplo do que Aleida Assmann (2011), apesar de permeada pela nostalgia restauradora, chama de contínua sobrescrita. Isso significa que ainda agimos, ainda criamos, ainda deixamos espaço para a emergência e para a produção do novo. Afinal, é próprio das historicidades democráticas o pluralismo de formas e conteúdos de narrar e representar aquilo que aconteceu, bem como o incessante movimento de questionamento de hierarquias preestabelecidas.[55]

A própria ideia de ciência histórica também não tem algum componente de paródia em relação ao que os historiadores imaginam ser os outros ofícios? Talvez seja parcialmente verdade que há, em sentido positivo e negativo, um ar de paródia (não seria melhor diferença?) na narrativa e na prática histórica da

---

[54] Disponível em: https://bit.ly/2VPcaCD; https://bit.ly/3jU15sg. Acesso em: 13 ago. 2021.

[55] Ver, em especial, Rancière, 2014b; Abreu; Bianchi; Pereira, 2018; Voigt, 2019.

enciclopédia livre em relação à prática acadêmica dos historiadores profissionais (BALDO, 2015). Se for assim, pela forma como a história em geral é tratada nas páginas da Wikipédia, podemos dizer que a maioria dos leitores compartilha um horizonte semelhante? Em outras palavras, eles esperam da enciclopédia que todos podem editar uma história cronológica, factual, linear e anedótica? E esse parece ser o limite (tanto no sentido positivo como no negativo) da narrativa histórica e da cultura de história difundidas por essa publicação?

Há uma longa história das críticas dos que procuraram atacar uma história reduzida à narrativa dos acontecimentos. A oposição entre a narrativa dos eventos e uma "verdadeira história" constitui um fenômeno de longa duração (POMIAN, 1993). Benedetto Croce (2004), por exemplo, em 1916, questionou a oposição entre história e crônica. Tratava-se, para ele, de duas formas de história que se complementavam mutuamente sem qualquer tipo de subordinação. Sendo assim, um aspecto central que a Wikipédia nos incita a refletir é: por que existe uma demanda social por um conhecimento histórico ou por algum tipo de narração sobre o que aconteceu que enfatize, por exemplo, a continuidade?

De algum modo, uma história que privilegia a continuidade pretende não apenas tornar pensáveis os fatos passados, mas também conceber o que ainda não entrou na ordem dos fatos. Não deixa de ser uma estratégia de negação da contingência e do evento.[56] Talvez seja esse um dos motivos pelos quais uma

---

[56] É digno de nota, a esse respeito, uma leitura do Partido dos Trabalhadores, em particular do ex-presidente Lula, sobre as manifestações de junho de 2013. Trata-se da percepção de que já se tinha garantido o pão, e o povo saiu às ruas para pedir manteiga. Cf. https://bit.ly/3iH8UBZ. Acesso em: 13 ago. 2021. Ver a discussão de Luisa Rauter Pereira (2020). Sobre a relação entre contigência, "história tradicional", cronologia e continuidade cf., em especial, Pereira, 2009.

concepção de "história tradicional" seja desejada pela sociedade: ela conforta o homem, pois dá o sentido de continuidade à história e à existência.

Na Wikipédia, portanto, encontramos chaves de acesso para que seu leitor projete um devir como uma extensão do passado-presente. O futuro que muitas vezes a enciclopédia que todos podem editar oferece a seu leitor pode vir a ser entendido como um prolongamento do passado e do presente. Nessa direção, Agamben (2001, p. 111) sustenta que a pátria original do homem é o prazer, e, para experimentá-lo de forma autêntica, é preciso parar ou suspender o tempo, principalmente a cronologia, pois a História, ao contrário do que sustenta a ideologia dominante, é também o disruptivo. Mas, será mesmo que mais liberdade implica se libertar do tempo linear e contínuo? Escapar dos dilemas oriundos da suposta dicotomia entre continuidade e descontinuidade é, assim, uma das dificuldades com que se defrontam todos aqueles que vivem, estudam e narram a história.[57]

---

[57] Não custa apresentar aqui uma longa e importante reflexão de Lévi-Strauss (1976, p. 294-298): "Os caracteres distintivos do conhecimento histórico não se prendem à ausência de código, que é ilusória, mas à sua natureza particular: este código consiste numa cronologia. Não há história sem datas; [...]. Não foi sem motivo que se reagiu contra este método enfadonho, mas caindo, frequentemente, no excessivo inverso. Se as datas não são toda a história, nem o mais interessante da história, elas são aquilo que na falta do qual a própria história desapareceria, já que toda sua originalidade e sua especificidade estão na apreensão da relação do antes e do depois, que seria votada a dissolver-se se, pelo menos virtualmente, seus termos não pudessem ser datados. Ora, a codificação cronológica dissimula uma natureza mais complexa do que se imagina, quando se concebem as datas da história sob a forma de uma simples série linear. [...] a história biográfica e anedótica é a menos explicativa; mas é a mais rica, sob o ponto de vista da informação, já que ela considera os indivíduos na sua particularidade [...]. Por conseguinte, e conforme o nível em que o historiador se coloca, perde em informação o que ganha em compreensão, [...] em relação a cada

O trabalho com fontes, como a Wikipédia, nos leva, por vezes, a ver certa razão nas análises de David Carr (1991; 2014), que afirma que vivemos narrativamente. A narrativa linear, ao dobrar os fatos aos enredos, é algo mais do que orientação, pois, antes de tudo, é uma das formas mais básicas de resolução de tensões pessoais e sociais. Consequentemente, não é desejável opor narrativas históricas, ficcionais e populares. Haveria uma continuidade entre o "mundo real" e a narrativa sobre o que se passou anteriormente, já que a estrutura narrativa permeia nossa experiência do tempo e da existência social.

Levando-se em consideração a relação inerente entre vida e relato, há também uma circularidade, mas com autonomia relativa, entre essas ordens. Nesse nível, a história acadêmica pode corrigir ou mudar os relatos e as memórias. Talvez por uma percepção próxima, Ricœur (2007) defendia que a memória é a matriz da história. Assim, na medida em que opinião, narrativa e memória são também modos de experiência e conhecimento do tempo, elas não podem ser entendidas hierarquicamente como formas com *status* ontologicamente inferiores.

Nessa perspectiva, todos os humanos têm uma relação direta com a história. Logo, não são apenas apaixonados, são seres históricos contando, compreendendo, explicando e interpretando a história. Na era da internet, creio que a legitimidade do saber historiográfico deve se fundar, sobretudo, em uma relação ética, política e existencial comprometida com o mundo, com a verdade, com interpretações complexas e com a fundamentação do conhecimento produzido. Tal postura implica uma abertura para negociar com autoridades, a fim de se construírem novos e velhos saberes no interior de

---

domínio da história a que renuncia, a escolha relativa do historiador só se faz entre uma história que ensina mais e explica menos, e uma história que explica mais e ensina menos".

"comunidades de prática" específicas, como é a Wikipédia (cf. VARELLA; BONALDO, 2020).

Retorno a uma questão já tratada no capítulo anterior, a saber: se o sentido da experiência não é construído apenas pelo conhecimento socialmente legitimado por alguns grupos e instituições, o combate a posições e opiniões que estão/são contra a verdade não deve ocorrer apenas no nível da desconstrução, da falsificação ou no nível epistemológico, mas, também, no plano da ação e da interpretação engajada do ponto de vista ético, político e existencial.

Por fim, é preciso dizer que há, entre outras, alguma convergência entre a narrativa hegemônica na historiografia e na Wikipédia, a saber: o realismo, seja ele ingênuo, seja crítico. Hayden White (2018), em uma perspectiva diferente e em alguns casos até oposta à de Carr, tem mostrado os limites do realismo na historiografia acadêmica. A sua sugestão sobre a necessidade de se abrirem a formas alternativas de discurso, narração e representação do passado, sobretudo se levarmos em conta as formas não narrativas e antinarrativas do modernismo literário para representar o passado histórico, pelo menos desde o fim da Segunda Guerra Mundial, pode ser um convite interessante tanto para os historiadores de ofício quanto para os wikipedistas, a fim de imaginarem e ousarem mais em suas formas de narrativização da experiência histórica sem ignorar a factualidade, já que as narrativas históricas se referem ao "mundo real".

A questão repousa, portanto, mais no como, nas formas e nas técnicas utilizadas para a narrativização, sejam elas mais ou menos realistas, verdadeiras, ficcionais, racionais, imaginativas ou científicas. Aliás, tendo em vista que a narrativização se relaciona à problemática da ação, mesmo o historiador e/ou wikipedista desejoso(s) de imparcialidade ou de neutralidade traz(em) em seu texto alguma posição política, ética e, é sempre bom lembrar, ideológica. A problemática articulação entre subjetividade e objetividade nunca deixou de ser uma questão a ser desconsiderada pelos historiadores e/ou wikipedistas que desconfiam do empirismo e do realismo ingênuo. Se dermos crédito a algumas reflexões de White, uma das características da Wikipédia que incomodam alguns historiadores é o fato de que encontramos diversas formas de hibridações – e não de distinções, por mais que muitos colaboradores possam desejar – entre passado prático e passado histórico.

Convém ainda especular que talvez seja parte da experiência da história que ela sirva, muitas vezes anacronicamente e até de forma politicamente conservadora, de entretenimento, de fundamento moral, de fonte de informação e de curiosidade.[58] Mais do que uma ameaça, a Wikipédia pode auxiliar a questionar, repensar e negociar certos discursos de autoridade (cf. VARELLA; BONALDO, 2020) nos estimulando, assim, a contar a história de muitas maneiras: comprometidas com a verdade factual, com a pluralidade, com a equidade, com a felicidade e com um mundo mais justo.

---

[58] Sobre esse aspecto, do ponto de vista da erudição, a curiosidade continua sendo entendida como um vício? Há razão no argumento de que a curiosidade dos modernos reside no interesse de inteligibilidade (em se informar) para além dos interesses metafísicos e/ou religiosos. Mas, pelo visto, a curiosidade interessada, desinteressada ou até exagerada não é mais vista como um vício ou mesmo antagônica ao pensamento, à busca pela verdade, à ciência, aos historiadores, aos detetives, às disputas sociais, políticas, institucionais, acadêmicas e mesmo ao homem comum interessado na vida de seu ídolo. Cf. Blumenberg, 1983.

CAPÍTULO 4

Tempos de transparência? A transparência atualista, a guerra de informações e os fundamentos da Operação Lava Jato[59]

Imagem-lembrança

Imagem 10. Série Black Mirror – Episódio Hino Nacional.

> Não, não há justiça, mas limites. E aqueles que pretendem não regulamentar nada, como aqueles que queriam regulamentar tudo, ultrapassam igualmente os limites (CAMUS, 2002, p. 163).

---

[59] Neste ensaio, cujo objetivo é analisar os fundamentos da Operação Lava Jato, consideramos, em especial, textos, opiniões e eventos sobre a referida operação até a prisão do ex-presidente Lula em 2018. Para uma análise do período posterior ver Pinha; Pereira, 2021.

> A democracia em uma sociedade livre exige que os governados saibam o que fazem os governantes, mesmo quando estes buscam agir protegidos pelas sombras (MORO, 2016).[60]

A atual reorganização e/ou dissolução dos domínios do público e do privado, a exibição excessiva e a abundância de informações têm, cada vez mais, produzido demandas por transparência. Refletir sobre essa questão pode nos ajudar a desvelar certas dimensões de nosso tempo. Afinal, a transparência seria um dos projetos de futuro de nossa condição atualista?

Para começar, é preciso dizer que o conceito de atualismo vem sendo desenvolvido como uma forma de superar e/ou ampliar as hipóteses do presentismo de Hartog e do presente amplo de Gumbrecht. Entre outras coisas, afirmamos que "essa forma de presente como atualidade não está destituída de futuro ou passado, mas estabelece com eles relações 'impróprias'. [...] Essa atualidade se vê em toda a história, seja do presente, seja do futuro, mas é uma identificação como uma variedade do mesmo que se 'atualiza em função da atualidade'" (PEREIRA; ARAUJO, 2019, p. 92 e 96). Esse argumento pode ajudar a esclarecer que não se trata substancialmente de uma ampliação do presente, mas da ampliação de referências ao passado e futuro, porém em formas atualistas. Desse modo, atualizações automáticas que emergem nos smartphones e programas de computadores, muitas vezes inesperadamente, são tomadas por nós como um símbolo de algumas das formas de temporalização do atualismo.

Sendo assim, para entender se a transparência seria um dos projetos de futuro de nossa condição atualista é preciso pensar sobre ao menos três dimensões, a saber: como essas temporalizações – atualistas – alimentam o constante fluxo e/ou repetição

---

[60] Disponível em: https://bit.ly/37F1NUp; https://bit.ly/2UelkYH. Acesso em: 13 ago. 2021.

de escândalos políticos e midiáticos; em que medida a política no mundo atual é re-ativa e prisioneira dos escândalos, das encenações, das performances e do espetáculo; e se as noções modernas de público e privado ainda são úteis para descrever a nossa historicidade.

Se as assertivas anteriores fazem sentido, estamos frente a duas hipóteses contraditórias. A primeira é que, em um mundo atualista, a fronteira entre o público e o privado estaria sendo redefinida com maior intensidade, ocasionando diversas composições e reconfigurações. A segunda é que essa fronteira praticamente não existiria mais, pois viveríamos no reino da constante *violação criminosa* (para evitar o controverso termo *exceção*).

I. Do negativo ao positivo, do segredo à exposição: um olhar unilateral

> *Transparência é positiva em qualquer caso.*
> Ivar Hartmann, 2016[61]

A frase da epígrafe foi proferida por um professor da FGV, em 2016, para defender a denúncia dos procuradores da força-tarefa da Operação Lava Jato contra o ex-presidente Lula. Foi, assim, vivendo a angústia desse contexto que tive a intuição de que a transparência poderia ter se tornado um dos projetos de futuro de nossa condição atualista.

Posteriormente, tive acesso ao livro *A sociedade da transparência* (HAN, 2014). Para o autor, há uma relação entre o discurso da transparência e a maior demanda por liberdade de informação, em função da transformação da negatividade (do outro, do estranho, da resistência ao outro) em positividade. O tempo

---

[61] Disponível em: https://bit.ly/3iFADDg. Acesso em: 13 ago. 2021.

se converte em transparência quando se nivela em sucessão de um presente disponível. Um tempo transparente seria, em tese, carente de destino e de evento. Além disso, é justamente a falta de transparência que mantém viva as relações e cria atração.

Simmel formulou uma advertência que talvez seja mais do que atual (e nos remete a vários episódios do seriado *Black Mirror*, utilizado como ponto de partida deste ensaio): "se a transparência recíproca completa fosse possível, as relações dos seres humanos, uns com os outros, se modificariam de maneira inimaginável" (2009, p. 224). Nessa direção, a seletividade e obscuridade da Operação Lava Jato, depois revelada pelo escândalo da Vaza Jato,[62] são bastante paradigmáticas de uma característica do nosso tempo: a boa transparência é a do outro. Porém, é preciso reconhecer que, no plano interpessoal, emergem novas formas de relacionamento, digamos mais atualizadas, como o poliamor, que se alimentam de demanda por transparência.[63]

Nesse contexto, para Han (2014), a demanda por transparência nos faria acreditar, muitas vezes erroneamente, que mais informações conduzem a melhores decisões. A negatividade do deixar, do esquecer, do aceitar as lacunas e os vazios pode ter também efeitos produtivos, além de criar outras possibilidades. Enfrentar a dor, o sofrimento e o sentimento negativo é parte da existência. O amor não é só agradável; do contrário seria só uma fórmula de consumo e conforto. A positividade nega toda e qualquer violência, mas a teoria que faz a realidade aparecer em cada caso de outra maneira e com outra luz é, por vezes, violenta, opaca e negativa.

A política, como uma ação estratégica, necessita do segredo, pois "o segredo é um dos fundamentos da estabilidade social"

---

[62] Disponível em: https://bit.ly/3adGuuw. Acesso em: 06 out. 2021.

[63] A página sobre o poliamor na Wikipédia em espanhol, por exemplo, afirma: "sus practicantes hacen énfasis en la honestidad y transparencia con todos los involucrados". Disponível em: https://bit.ly/3afbRES. Acesso em: 28 ago. 2021.

(Vincent, 1995, p. 185). A transparência total paralisa a política e pode transformá-la em teocracia. O problema reside, em especial, na questão da exposição. Na era da internet é preciso se expor para ser: "na sociedade exposta, cada sujeito é seu próprio objeto de publicidade. Tudo se mede em seu valor de exposição" (Han, 2014, p. 29). Mas, será que a hipervisibilidade pode esconder a existência do oculto, do inacessível, do misterioso, da complexidade e da lentidão? Para Byung-Chul Han, a particularidade do que ele chama de panóptico digital está no fato de que seus moradores colaboram de maneira ativa em sua construção e conservação, enquanto se exibem e se desnudam. Nesse *habitat*, a vítima se transforma em algoz e vice-versa com certa frequência e intensidade. A esfera pública como espaço de ação comum se metamorfosearia em um espaço de exposição.[64]

Por mais instigante e provocadora, o que talvez falte à análise unilateral do teuto-coreano seja a ideia de mistura, troca, deslocamento, reconfiguração, porosidade e, enfim, de jogo.

II. Escândalo político e transparência

O abuso do prefixo *pós* (humano, modernidade, secularismo, moderno, entre outros) pode indicar a intensificação das misturas, hibridações e até diluições conceituais do nosso tempo. Poderíamos citar, por exemplo, a intensificação das trocas e porosidades intra e entre os seguintes pares: mentira-verdade;

---

[64] Em obra posterior, o autor defende que as atuais "massas" são "enxames virtuais", pois são caracterizadas por indivíduos isolados produtores de ruídos. A consequência é a ausência de um contrapoder que conteste a ordem estabelecida. O Facebook e a Google trabalham como serviços secretos, pois lucram, ao conhecer os desejos dos usuários, muitas vezes, sem que eles o saibam. Haveria, assim, para o autor, uma passagem da biopolítica foucaultiana para a psicopolítica digital. O psicopoder seria mais eficiente que o biopoder, já que controla de dentro e não mais de fora (HAN, 2016).

privacidade-publicidade; evento-escândalo; aceleração-desaceleração; fato-ficção, público-privado, entre outros. Assim, nós nos sentimos contemporâneos de François-René de Chateaubriand (1768-1848), mas não por entender, como o faz Hartog (2003) que ele, assim como nós, viveu *entre* dois "regimes de historicidades"; ao contrário, é por estarmos experenciando um momento particular de misturas.[65]

Nesse sentido, apresentaremos uma breve reflexão sobre como a atualização do escândalo político acontece na era da internet. Modernamente ele está baseado no aparecimento, em domínio público, de práticas e informações de domínio privado, aliadas à percepção de que tais práticas são transgressoras ou impróprias a uma grande visibilidade. Não se trata, portanto,

---

[65] "Chateaubriand nos ensina também a identificar, nessa multiplicidade, ruínas vivas do passado que podem ser evocadas e atualizadas para atender às demandas plurais de nosso tempo plural. Apostar e aceitar a fragmentação e a mistura temporal como uma possibilidade mais liberadora do que apenas a sincronização historicista, mesmo sabendo que ela continua sendo uma possibilidade entre outras, mas que não pode ser tomada como sinônimo de tempo histórico. Apostar na capacidade de tornar o fragmento em ruína viva como estratégia de enfrentamento de nossas demandas existenciais, práticas e cognitivas em nossa relação com a história. A descrição de Hartog do presentismo como um tempo desorientado também não condiz com nossa descrição do atualismo como um tempo em que as pessoas parecem também confiar em uma organização automática da realidade. Assim, nossa situação não emerge simplesmente de um tempo desorientado, sem telos, mas de uma sociedade em que as pessoas sentem não precisar ter de se preocupar com esse tipo de orientação, que a atualização do presente estaria de algum modo garantida, ou fora do alcance de suas agências. Certamente há perigos que precisam ser evitados nessa situação. Muito podemos ganhar reativando a capacidade sintética e orientadora do discurso histórico, mas sem esperar ou desejar uma restauração da situação moderna - talvez mais imaginada do que vivida - de um mundo pleno de sentido. Desonerar as subjetividades, os corpos e as mentes, dessa tarefa sisífica pode liberar energia social para o enfrentamento de novos desafios" (PEREIRA; ARAUJO, 2019, p. 127-128). Cf., também, Pereira; Araujo, 2021.

da emergência do novo, que caracteriza o evento, seja histórico, seja não histórico; moderno ou modernista. O desenvolvimento da mídia impressa e, em especial, da eletrônica, cria condições de produção de visibilidade, liberada de condições espaciais e temporais do aqui e do agora (cf. THOMPSON, 2010).

Trata-se, portanto, de uma visibilidade/publicidade mediada que pode ou não estar interligada à publicidade da copresença. Esse tipo novo de visibilidade cria a possibilidade, radicalizada nos últimos tempos pela internet, da simultaneidade desespacializada que pode criar, inclusive, algum tipo de intimidade a distância, em geral, não recíproca. Nessa direção, "privacidade é a habilidade de controlar as informações sobre si mesmo e, também, de controlar a maneira e até a medida que essas informações são comunicadas aos outros" (THOMPSON, 2010, p. 26).

O problema é que o privado despacializado passa a ser um domínio flexível, com informações e conteúdos simbólicos, em que o sujeito pensa que deve e pode exercer algum tipo de controle e restrição. Os limites entre o público e o privado passam a ser, cada vez, e, em especial, depois do *acontecimento* internet, imprecisos e em mutação constante, pois essa fronteira se tornou porosa, contestada, negociada e disputada. Assim, um dos paradoxos do excesso de exposição atual, do ponto de vista privado, é: muitas vezes, não é o outro que acessa as informações e os territórios do *self*, mas sou eu mesmo que os disponibiliza e os atualiza, de forma mais ou menos transparente, no espaço público mediatizado e midiatizado (THOMPSON, 2010). Desse modo, o direito ao esquecimento cria a situação nova: "o que se consente agora é uma novidade: o desejo do protagonista no sentido de que esses dados reais permaneçam ocultos" (SIBILIA, 2008, p. 218).

Nesse contexto, "os atos pela liberdade de informação, que ganharam força em muitas sociedades ocidentais nas últimas décadas, são peças-chave no cenário em que emergem as novas guerras de informações" (THOMPSON, 2010, p. 31).

Essas *guerras*, como foi o caso, em 2009, do escândalo das despesas dos membros do Parlamento Britânico e, entre 2014-2018, da Operação Lava Jato, podem levar "partes inteiras da vida política e social ao caos" (THOMPSON, 2010, p. 35). Há, assim, algo de novo ou talvez uma radicalização do papel das formas mediadas que surgem desde a difusão da impressa, pois é cada vez mais nossa capacidade de dar visibilidade ou ocultar que está difícil de controlar.[66] Do ponto de vista político, cria-se um campo propício para a economia midiática atualista.

III. Transparência e corrupção

> *É impossível fazer uma retrospectiva de*
> *2016 a não ser em tempo real.*
> Marcos Nobre[67]

A Suécia quase sempre aparece como uma referência histórica de sociedade transparente. Uma jornalista sueca resume bem a situação, positivando-a: "somos tão corruptos quanto qualquer outro país. A diferença é que aqui há muito mais chances de você ser apanhado. O simples fato de ser possível exigir uma transparência total nos torna melhores como sociedade".[68] No entanto, Kristina Orfali (1987) narra como esse modelo caminhou na direção do fascínio à decepção, ao menos em sua recepção à francesa, pois "a ética da absoluta transparência das relações sociais e o ideal de comunicação perfeita, que [...] caracterizam a sociedade sueca, são

---

[66] Em uma perspectiva mais ampla, o ponto de clivagem do que Abranches (2017) chama de *transição* "será entre a ciberesfera controlada e a ciberesfera autogovernada" (p. 121).

[67] Disponível em: https://bit.ly/3jNpIGW. Acesso em: 13 ago. 2021.

[68] Disponível em: https://bit.ly/3g0S2od. Acesso em: 13 ago. 2021.

hoje considerados na França como violações do espaço privado individual. O modelo do antissegredo se tornou um imperialismo intolerável" (p. 582).

Na Suécia, as declarações de renda são públicas e há livre acesso aos documentos oficiais (derivados de uma lei de 1766). "Todos estão persuadidos (talvez erroneamente) de que ela [a informatização] jamais será utilizada contra o cidadão, e sim, pelo contrário, a seu favor. Em todo caso, esse consenso revela uma profunda relação de confiança no Estado" (ORFALI, 1987, p. 584). Outros exemplos podem ser observados nas diversas esferas da vida. Mas, o importante para efeitos do argumento aqui desenvolvido é que "o segredo aparece como uma ameaça à ordem e ao consenso; daí esse empenho em eliminá-lo" (ORFALI, 1987, p. 608). Os problemas? Solidão, alcoolismo e produção de maníacos.

Utilizando a base de dados do Google Livros, podemos perceber que, na década de 1980, a aparição da palavra transparência duplica.[69] Assim, é provável que, no mundo e no Brasil, esse termo tenha se disseminado nesse período pela tradução da palavra russa *glasnost*. Yurchak (2006) identifica um clima de grande mal-estar, desde os anos 1970, na União Soviética, em relação à tentativa política de estatização do tempo: dedicação à produção industrial ou agrícola, atividades ideológicas, rituais cívicos, filas, etc. Um projeto paradoxal de emancipação do homem, inclusive do tempo, mas atravessado pelo controle da sociedade, pelo partido e pelo Estado. Ao mesmo tempo, o contexto pós-stalinista possibilitou a emergência de um imaginário positivo e liberal do ocidente, a qual ocorre *pari passu* em que a visão de um futuro triunfante e hegemônico até os anos 1960 dá lugar à sensação de um presente em crise. O acesso às informações, aos testemunhos e às publicações

---

[69] Disponível em: https://bit.ly/3xJVuJO. Acesso em: 13 ago. 2021.

dos dissidentes, tendo em vista a abertura operada pela política da *glasnost*, parece ter tido efeito catalisador, transformador e até destrutivo de certos pontos de vista (cf. ALEKSIÉVITCH, 2016).

Porém, certamente foi a operação italiana Mãos Limpas que mais desempenhou o papel-chave para compreender certa ideia de transparência presente na epígrafe de Sérgio Moro no início da primeira parte deste capítulo. E o que foi a operação *Mani Pulite*? O juiz, em texto de 2004, explica-nos: ela "constituiu uma das mais exitosas *cruzadas* judiciárias contra a corrupção política e administrativa" (MORO, 2004, p. 60, grifo nosso) e combinou "virtuosamente" prisões e prejulgamento ("forma de destacar a seriedade do crime"[70]), delações premiadas/confissões e publicidade. A ascensão de Berlusconi é vista como um paradoxo, nada mais. Como se a emergência dele não fosse resultado da destruição de parte significativa do sistema político.

Para o ex-juiz, a "ação judicial contra a corrupção só se mostra eficaz com o apoio da democracia", ou seja, "é a opinião pública *esclarecida* que pode, pelos meios institucionais próprios, atacar as causas estruturais da corrupção" (MORO, 2004, p. 61, grifo nosso). A opinião pública pode, inclusive, "impor alguma espécie de punição a agentes públicos corruptos, condenando-os ao ostracismo" (MORO, 2004, p. 61).

Por outro lado, para o estudioso Alberto Vannucci, citado no texto de Moro em função de seus primeiros trabalhos, "a Mãos Limpas pode ser considerada uma conquista incrível em curto prazo, mas um fracasso em longo prazo".[71] O autor argumenta

---

[70] O magistrado ainda destaca que "a presunção de inocência, no mais das vezes invocada como óbice a prisões prejulgamento, não é absoluta, constituindo apenas instrumento pragmático destinado a prevenir a prisão de inocentes" (MORO, 2004, p. 61). Sobre o chamado ativismo político do judiciário ver, em especial, a relação que Oliveira (2020) estabelece entre Rui Barbosa e Rodrigo Janot.

[71] Disponível em: https://bbc.in/37MJBIp. Acesso em: 13 ago. 2021.

que investigações judiciais não conseguem acabar com a corrupção em um país, quando ela é sistêmica. No caso italiano, um dos efeitos foi que os corruptos de várias esferas desenvolveram técnicas mais sofisticadas para praticarem atos ilícitos: "a prática da corrupção resiste a investigações e escândalos". Ele destaca que inquéritos judiciais só podem contribuir para um processo de seleção em que alguns são pegos e outros se safam.

Moro (2004) ainda afirma que haveria condições institucionais para uma atualização brasileira da operação. Para tal, teria de ser alterada uma prática judicial pouco rigorosa contra a corrupção "que permite tratar com maior rigor processual um pequeno traficante de entorpecente (por exemplo, as denominadas 'mulas') do que qualquer acusado por crime de 'colarinho branco', mesmo aquele responsável por danos milionários à sociedade" (p. 61). O texto mostra que a preparação da chamada Operação Lava Jato foi longa e refletida. De todo modo, creio, como muitos analistas, que, entre outros fatores contextuais, o escândalo (2005) e o julgamento do Mensalão (2012) aliados às jornadas de 2013 criaram as condições de possibilidade para a referida operação.

Nesse sentido, é curiosa a comparação feita por Giuseppe Cocco em 2016. Para ele, a Operação Lava Jato poderia ser entendida como produto e produtora de uma espécie de *glasnost* à brasileira. Segundo Cocco, "não houve golpe de Estado no Brasil [em 2016], mas uma *glasnost* que conduziu à implosão do consórcio político que governava e governa o país".[72] Essa implosão teria duas causas: o "levante constituinte de 2013" e a violenta crise econômica: "nos encontramos no capítulo seguinte ao processo que se iniciou de maneira autônoma com o grande levante de 2013 e que ganhou um novo sentido no início de 2014 com a abertura da investigação judicial da Lava Jato".

---

[72] Disponível em: https://bit.ly/3jRHjO2. Acesso em: 13 ago. 2021. Grifo no original.

Em relação a esse contexto, Avritzer (2016) destaca que a problemática da corrupção, que, em geral, implica segredo, pode ser enfrentada de um ponto de vista progressista, isto é, com mais participação e controle. Pesquisas de opinião mostravam, em 2016, que o tema da corrupção tinha tido uma significativa mudança de opinião e valores na sociedade brasileira, tornando a tolerância muito menor. Para Avritzer, um dos cernes do problema político brasileiro contemporâneo estava relacionado na equivocada forma de financiamento do sistema político no país até então, bem como nas lógicas de formação das maiorias. O autor ainda ressalta que, paradoxalmente, os governos do Partido dos Trabalhadores em nível federal foram os que mais fizeram em termos de combate à corrupção em diversos níveis.

Sem dúvida alguma, há mais problemas relacionados à transparência privada do que em relação à chamada transparência pública. Ainda assim, países com poucas políticas de combate à corrupção podem se situar bem em índices de "transparência pública", como é o caso da Transparência Internacional[73] (Avritzer, 2016). Um dos problemas é que o combate à corrupção, em geral, é cheio de paradoxos. Nesse sentido, é muito difícil dizer se a corrupção é maior ou menor em determinados períodos, como em relação, por exemplo, à época da Ditadura Militar brasileira; ao contrário, portanto, do que pensava a maioria dos brasileiros em 2017.[74] De acordo com Avritzer, "a corrupção é um fenômeno secreto, e as evidências sobre ela são indiretas. A

---

[73] "A Transparência Internacional (TI) é um movimento global que tem uma visão: um mundo no qual governos, empresas, sociedade civil e a vida das pessoas sejam livres de corrupção. Com mais de 100 representações em todo o mundo e um secretariado internacional em Berlim, lideramos a luta contra a corrupção para tornar essa visão realidade" (Disponível em: https://bit.ly/3sdU0q9. Acesso em: 13 ago. 2021). Cf., também, https://www.transparency.org/; https://www.transparencia.org.br/. Acesso em: 13 ago. 2021.

[74] Cf., por exemplo, https://bit.ly/3CKrYHI. Acesso em: 13 ago. 2021.

maior parte dos índices que medem a corrupção é baseada na percepção sobre sua existência, que é tanto maior quanto mais a corrupção é combatida" (AVRITZER, 2016, p. 9).

Apesar disso, em função da atuação seletiva da Operação Lava Jato, a palavra corrupção tornou-se a "ideia mestra" e o "discurso motriz" da crise institucional e da democracia brasileira, em especial, entre 2012-2018. Rodrigo Perez Oliveira (2018c) destaca que essa narrativa alimentou uma semântica política (neo)liberal conservadora, sustentada na premissa de que o Estado brasileiro "é naturalmente corrompido e corruptor". E destaca, ainda, que essa narrativa teve "grande apelo junto à opinião pública, que passou a ser diariamente sensibilizada por uma narrativa de espetacularização de denúncias, desenvolvida pela imprensa hegemônica tanto nos veículos televisivos como nos impressos" (p. 381). A partir daí mergulhamos em uma crise que parece não ter fim, já que é próprio das crises um tipo de experiência temporal que pode envolver, ao mesmo tempo, a decisão, a urgência, a ruptura iminente e a incerteza em relação ao futuro (cf. RAMALHO, 2021).

IV. Exposição, espetáculo e atualização

Chun (2016) aponta as possíveis vantagens da passagem da "epistemologia do armário" para a "epistemologia da exibição". Ela não nega a violência, mas toma a vantagem da ruptura, pois a primeira depende da ilusão da privacidade, cada vez mais transgredida. Um caminho seria pensar sobre modos de viver e de ser que relacionem, defendam e ressignifiquem a publicidade, mais do que buscar um falso refúgio na privacidade, mas, para tal, a perspectiva deveria ser de ampliação, intensificação e aprofundamento da experiência democrática (cf., também, SILVEIRA, 2018).

Ainda que seja importante positivar, não há dúvidas que o excesso de exposição produz e é produtor de diversas dimensões negativas da transparência, atravessadas por vários aspectos da nossa condição atualista: produção incessante de dados/informações, excesso de curiosidade, escândalos, além da atual economia midiática em que o amanhã é muito longe. Para se ter uma ideia desse último ponto, basta mencionar que o jornal estadunidense *The Washington Post* publica por dia 1.200 conteúdos na internet.[75] Um mundo de disponibilidade contínua de atualizações, movida por essa necessidade de se exibir, se mostrar e se atualizar. Não sem razão, a crítica ao espetáculo foi feita a diversas ações ligadas direta ou indiretamente à chamada Operação Lava Jato.[76]

Não é casual, nessa direção, que o corpo de Jeremy Bentham (1748-1832) seja ainda exposto na cadeira que ocupou durante toda a vida no University College London, como vemos na imagem a seguir:

Imagem 11. Corpo de Jeremy Bentham (1748-1832) no University College London.

---

[75] Disponível em: https://bit.ly/2Xs1jPK. Acesso em: 13 ago. 2021.
[76] Disponível em: https://bit.ly/3GnpAs9. Acesso em 13 ago. 2021.

Andrew Keen (2012) acredita que o fato de Bentham ter solicitado a contínua exibição do seu corpo é um sintoma utópico da total transparência e exibição que substituiriam as formas tradicionais de subjetivação por interioridade. As redes sociais nos tornariam novos Bentham, aprisionados em nossas vitrines individuais? De certo modo sim. Vivemos em um mundo com cada vez mais dificuldade de construir novas arenas públicas, de superar as lógicas da guerra no debate público virtual e, também, de assumir a vida adulta. Essa hipótese não deixa de fazer sentido quando vemos uma descrição, por vezes psicologizante, a qual destaca que um dos principais traços de Donald Trump é o fato de ele ser uma criança adulta.[77]

Não deixa de ser uma ironia, portanto, que um dos instrumentos fundamentais da nossa condição atualista, o computador, trabalhe com dimensões nas quais transparência e opacidade se mesclam todo o tempo. É estranho que essa ferramenta esteja associada à noção de transparência, quando se considera o quanto o processo de computação e os algoritmos das redes permanecem obscuros. Pedro Telles Silveira (2018) tem razão ao fazer relação com a *Filosofia da Caixa Preta*, de Flusser, já que introduzimos dados no começo e obtemos resultados no final. Mas, quase nada sabemos sobre o meio, isto é, o funcionamento da máquina e dos programas que utilizados.

Nesse sentido, destacamos que o funcionamento da Operação Lava Jato não é muito diferente da forma como operam a Google e o capitalismo de vigilância contemporâneo: "eles pedem um acesso ilimitado à sua privacidade, à sua vida íntima, aos seus dados, ao seu telefone, ao seu celular, com a promessa de que isso vai resolver inúmeros problemas, vai acabar com a corrupção, e terminam, na verdade, construindo grandes estruturas de poder e manipulação com as informações que reúnem" (PEREIRA; MARQUES; ARAUJO, 2020, p. 220-221).

---

[77] Disponível em: https://bit.ly/37Fun87. Acesso em: 13 ago. 2021.

Byung-Chul Han (2014) pode, mais uma vez, ajudar-nos quando aponta alguma positividade no fenômeno dos *hikikomori*. Os jovens japoneses que se retiram da sociedade, mas que mantêm relações pelo computador, podem simbolizar uma mudança no paradigma de estar junto, que talvez a quarentena imposta pela pandemia de covid-19 tenha intensificado, entre 2020-2021. Os números não são exatos, mas os dados oficiais do governo japonês estimavam, em 2015, 540.000 mil pessoas afetadas pelo fenômeno, isto é, reclusas ao menos por 6 meses. Sendo que 35% desse total estão isolados há pelo menos 7 anos.[78] Mas, como se vê no cartaz italiano abaixo, o fenômeno pode ser encontrado em diversas sociedades centrais:

Imagem 12 - "Na Itália são 30.000 mil jovens fechados em casa" (2016).

---

[78] Cf. https://bit.ly/3g40C5s. Acesso em: 13 ago. 2021.

Há um jogo em curso entre novas formas de vida sociais, em geral, narcísicas, tendo em vista as possibilidades políticas, sociais, culturais e existenciais abertas pelo ser-em-rede para além da nostalgia restauradora do que o mundo foi antes do advento da internet (cf. HAN, 2014). Nessa direção, é sempre preciso ver a internet como potencialmente diversificada e heterogênea. Assim, talvez uma nova alternativa de espaço público pode se abrir, o que significa, entre outras coisas, algum tipo de regulação das empresas e do capitalismo na era da internet.[79] Mas esse novo espaço público conseguirá aliviar e corrigir essa pressão do tempo sobre a história restabelecendo e redefinindo alguma fronteira entre segredo e publicidade?[80] O tempo dirá!

---

[79] Para Abranches, "a política analógica não conseguirá resistir muito tempo ao avanço do espaço público digital" (2017, p. 117). O autor destaca ainda que: "o importante é que a sociedade já é digital, a economia está se digitalizando aceleradamente (o mercado financeiro é integralmente digital) e a política persiste fundamentalmente analógica. Até que o processo de digitalização se complete no mercado e no Estado, viveremos conturbadas fases de transição política. A transição, nesse caso, se refere à democratização da política da digitalização" (p. 121).

[80] A pergunta está inspirada na seguinte afirmação de Koselleck, "toda história está sob a pressão do tempo. Para aliviar e corrigir essa pressão, a fronteira entre segredo e publicidade sempre precisa ser redefinida e restabelecida. O caso Watergate foi uma violação criminosa dessa fronteira" (2014, p. 99).

EPÍLOGO

Atualizando a lembrança do presente

O conceito de lembrança do presente, cunhado na busca da decifração do enigma de quando se forma a lembrança, ajuda a conectar o conjunto de indagações ao longo deste livro. Foi ele o elo utilizado para refletir sobre a condição histórica, entendida por meio da articulação entre o discurso sobre a historicidade e o discurso da história na era da internet. Bergson (2012) cunhou o conceito na busca de decifrar o enigma de *quando* se forma a lembrança.

Defendo que a revalorização da noção que dá título a esta obra pode nos ajudar a entender a ideia de um passado que não passa, como analisado ao longo dos ensaios. Ainda que se manifeste sob a forma de uma "imagem consecutiva", a lembrança do presente se constitui contemporaneamente ao presente vivido e se contrapõe, de forma não simétrica, ao falso reconhecimento (cf. DURING, 2012, p. XIX).

Assim, o *déjà vu* é um falso reconhecimento, visto que o presente instantâneo toma a forma de uma lembrança. Trata-se de uma ilusão da percepção, e não da memória. Em outras palavras, ele é uma suposta repetição, um reconhecimento aparente, em geral, ilusório. Um sentimento de já ter vivido algo que, na verdade, está acontecendo pela primeira vez no momento atual, pois somos iludidos, ao acreditar que a percepção presente e a passada são idênticas. É uma espécie de apreensão retroativa. É o presente compreendido como sendo uma das formas do passado. O falso reconhecimento, isto é, o *dèjà vu*, coincide, dessa forma, com um estado de apatia e indiferença, com uma "desatenção à vida" e, em especial, à ação e ao futuro. Ele é produzido por um sentimento, uma compreensão e/ou percepção de que o futuro está fechado. E é justamente por essa razão que a lembrança do presente se opõe a essa ilusão, pois, como procurei demonstrar de forma historiográfica ao longo do livro, "nosso presente é, sobretudo, uma antecipação de nosso futuro" (BERGSON, 2006, p. 118).

Sendo assim, a partir das reflexões realizadas, poderia ser tentado a afirmar que o falso reconhecimento se transformou na normalidade de nossa atualidade. Porém, a questão é mais complexa do que a percepção de que esses tempos difíceis induz a pensar. Para Bergson, "a formação da lembrança nunca é posterior à da percepção; ela lhe é contemporânea" (2006, p. 107, grifo no original). Assim, é em função de um novo presente que o passado é evocado; essa lembrança contemporânea à percepção normalmente não tem utilidade e se torna inconsciente ou é reprimida/inibida a cada atualização do presente. A contemporaneidade aludida por Bergson é constituída, assim, de diferentes naturezas, pois se trata também de uma dimensão do "passado puro", isto é, de um passado que jamais foi presente. Segundo o autor, a lembrança "conserva-se a si mesma", à medida que o presente "se desdobra a todo instante, em seu próprio jorro, em dois jatos simétricos, dos quais um recai no passado enquanto o outro se lança no futuro" (BERGSON, 2006, p. 108). A ideia de a lembrança *suceder* à percepção é apenas uma ilusão. O virtual, desse modo, é simultâneo ao atual, pois a lembrança é simultânea à percepção, assim como o passado é contemporâneo e coexiste com cada presente.

Para Deleuze, "de uma maneira distinta da de Freud, mas tão profundamente quanto, Bergson viu que a memória era uma função do futuro, que a memória e a vontade eram tão só uma mesma função, que somente um ser capaz de memória podia desviar-se do seu passado, desligar-se dele, não repeti-lo, fazer o novo" (1999, p. 114).[81] Em texto de 1911, Bergson destaca também que a distinção arbitrária entre passado e presente está ligada à nossa atenção à vida. Assim, "nosso presente cai no passado quando nós deixamos de lhe atribuir um interesse atual" (2012, p. 103. Cf., também, PEREIRA; DA MATA, 2012). A aparente abolição do passado, que se conserva automática e inconscientemente, ajuda-nos a canalizar nossa atenção em direção ao futuro.

Afinal, conforme já dito, para Bergson, a totalidade daquilo que vemos, sentimos e experimentamos se desdobra a cada instante em percepção de um lado e em lembrança de outro. Em suas palavras:

> *Mais tarde, quando desempenhar sua função normal, a lembrança representará nosso passado com a marca do passado; percebida no*

---

[81] Nas palavras de Bergson (2012, p. 111): "A lembrança pura só poderá, assim, ser descrita de uma maneira vaga, em termos metafóricos. Digamos, pois, como o explicamos em *Matière et mémoire*, que a lembrança está para a percepção como a imagem percebida no espelho está para o objeto colocado diante dele. O objeto é tocado tanto quanto é visto; ele age sobre nós como agimos sobre ele; ele está carregado de ações possíveis, ele é atual. A imagem é virtual e, embora semelhante ao objeto, incapaz de fazer o que ele faz. Nossa existência atual, à medida que se desenvolve no tempo, duplica-se de uma existência virtual, de uma imagem no espelho. Todo momento de nossa vida oferece, pois, dois aspectos: ele é *atual* e *virtual*, percepção de um lado e lembrança de outro. Ele se divide ao mesmo tempo em que ocorre. Ou antes, ele consiste nessa própria divisão, porque o instante presente, sempre em marcha, limite fugidio entre o passado imediato que já não é mais e o futuro imediato que não é ainda, se reduziria a uma simples abstração, se não fosse precisamente o espelho móvel que reflete sem cessar a percepção em lembrança". Nossa leitura do texto original de Bergson (2012) foi cotejada com a tradução para o português realizada por Jonas Gonçalves Coelho, em 2006, e publicada na revista *Trans/Form/Ação*.

> *momento em que se forma, é com a marca do passado, constitutiva*
> *de sua essência, que ela aparece. Que passado é este? Ele não tem*
> *data e não poderia ter; é passado em geral, não pode ser nenhum*
> *passado em particular.* [...] *E, todavia, não nos representa alguma*
> *coisa que foi, mas simplesmente alguma coisa que é; ela marcha*
> *pari passu com a percepção que ela reproduz. É, no momento*
> *atual, uma lembrança desse momento. É o passado quanto à forma*
> *e o presente quanto à matéria. É uma* lembrança do presente
> (BERGSON, 2006, p. 111 e 112, grifo no original).

Portanto, em relação à forma, a lembrança do presente pertence ao passado e, em relação ao presente, pertence à matéria, já que o possível é a miragem do presente no passado.

O *déjà vu*, essa hipertrofia/patologia da lembrança, é produto da troca da forma passado (puro, indefinido, em geral não cronológico) aplicada ao presente pelo conteúdo passado. Ele aborta o virtual, o novo, a criação e determina comportamentos coletivos, afetos e estilos de vida. Já a lembrança do presente produz um anacronismo positivo, formal: dá ao presente a forma de um dispositivo público, um requisito da produção, do dissenso e do discurso. Assim, "o autêntico objetivo da memória não é, em efeito, o presente em si, mas o passado indefinido, isto é, não cronológico, no qual o presente, pelo fato de ser recordado, é inevitavelmente imerso" (VIRNO, 1999, p. 97). O falso reconhecimento mata o possível e o contingente que a lembrança do presente possibilita, já que é uma potência que coexiste com o ato: "no falso reconhecimento, a lembrança ilusória não está jamais localizada em um ponto do passado; ela habita um passado indeterminado, o passado em geral" (BERGSON, 2006, p. 97).

O falso reconhecimento (que produz os diagnósticos de que o futuro atual está fechado[82]) e a lembrança do presente

---

[82] Para Virno (1999, p. 15), "a afirmação de um eterno presente, de uma *atualidade* centrípeta e despótica, é provocada pelo *déjà vu*".

são, assim, em nossa interpretação e extrapolação, fenômenos contrários, já que o último provoca a experiência do possível; e o primeiro a dissimula e a retira. Mas, é preciso destacar que o falso reconhecimento acontece na medida em que falta atenção à vida e, nesse sentido, nem sempre ele é produzido pela lembrança do presente. Meu objetivo, neste livro, foi pensar sobre esses fenômenos contraditórios e explorar as consequências e a potência da ideia de lembrança do presente na tentativa de abrir novos horizontes possíveis para a relação entre experiência e história. Para tal, como vimos, foram utilizadas como ponto de partida algumas imagens-lembranças retiradas de nosso objeto de estudo por excelência: a internet.

Nesse sentido, se Bergson tem razão quando afirma que a formação da lembrança nunca é posterior à percepção, o *déjà vu* nos permite entender melhor a relação entre a *lembrança do presente* – uma lembrança contemporânea à percepção – e o *falso reconhecimento*, já que nos ajuda a pensar a temporalidade e a história de forma mais complexa. Não apenas como uma sucessão de instantes/presentes fugidios. Para Bergson, passado, presente e futuro não são regiões do tempo ou momentos, mas "naturezas" contemporâneas. Sendo assim, procurei refletir aqui sobre a condição histórica contemporânea na fronteira entre a ilusão do falso reconhecimento e a recorrência da lembrança do presente. Portanto, os diagnósticos e sentimentos do futuro supostamente fechados em uma situação que está destacada do todo são produzidos, em minha interpretação, pela dificuldade em percebermos que uma configuração é nova. Em nossa contemporaneidade, acredito que a internet, entendida de forma ampla e metafórica, é uma das causas dos deslocamentos que tem produzido interpretações baseadas exclusivamente no falso reconhecimento.

Desse modo, refletir sobre a lembrança do presente é, em última instância, refletir sobre o *tempo histórico,* já que o falso reconhecimento oculta a historicidade da experiência, pois nega a potência, a atualidade e a antecipação do futuro do presente. Assim, o falso reconhecimento oculta o que está realmente se repetindo, pois o conteúdo específico da repetição é estabelecido apenas pela experiência atual. Dessa forma, a experiência por nós definida como atualista produz a ilusão de que a realidade se reproduz automaticamente, sem ação e atenção à vida.

A aposta destes ensaios foi de que um olhar direcionado à lembrança do presente possa construir possibilidades de quebra da atual desatenção à vida. "Aprender a viver a lembrança do presente significa atingir a possibilidade de uma *existência plenamente histórica*" (VIRNO, 1999, p. 43, grifo no original). Espero, dessa forma, que a nossa atualização do conceito bergsoniano de lembrança do presente tenha criado novas vias de acesso que nos ajudem a compreender e viver melhor a condição histórica na era da internet.

Crédito das imagens

Imagem 1
https://glo.bo/3Dd4meZ

Imagem 2
https://bit.ly/3Bby964

Imagem 3
https://bit.ly/3B9xIJh

Imagem 4
https://bit.ly/3CLmYTa

Imagem 5
https://bit.ly/3CLmYTa

Imagem 6
https://bit.ly/38bftH5

Imagem 7
https://bit.ly/3r6qALN

Imagem 8
https://bit.ly/3lgs0jW

Imagem 9
https://bit.ly/3le4HHq

Imagem 10
https://bit.ly/3Agk9qS

Imagem 11
https://bit.ly/38hZpDf

Imagem 12
https://bit.ly/3klGNrQ

Imagem 13
https://bit.ly/3yg6cIf

Referências

AARÃO REIS, Daniel. Notas para a compreensão do bolsonarismo. *Estudos Ibero-Americanos*, Porto Alegre, v. 46, n. 1, p. 1-11, 2020.

AARÃO REIS, Daniel. *Ditadura militar, esquerdas e sociedade*. Rio de Janeiro: Zahar, 2000.

AARÃO REIS, Daniel. Ditadura, anistia e reconciliação. *Estudos Históricos*, v. 23, n. 45, 2010.

ABRANCHES, Sérgio. *A era do imprevisto*: a grande transição do século XXI. São Paulo: Cia das Letras, 2017.

ABRÃO, Paulo; TORELLY, Marcelo D. Justiça de transição no Brasil: a dimensão da reparação. *In*: SANTOS, B. *et al. Repressão e memória política no contexto ibero-brasileiro*. Coimbra: Universidade de Coimbra; Brasília: Ministério da Justiça, 2010. p. 24-57.

ABREU, Marcelo. Drama social e história: contribuições à história intelectual do Brasil Republicano. *In*: AVELAR, A. *et al*. (Orgs.). *Contribuições à história intelectual do Brasil Republicano*. Ouro Preto: EDUFOP/PPGHIS, 2012. p. 39-49.

ABREU, Marcelo; BIANCHI, Guilherme; PEREIRA, Mateus H. F. Popularizações do passado e historicidades democráticas: escrita colaborativa, performance e práticas do espaço. *Tempo & Argumento*, v. 10, p. 279-315, 2018.

ABREU, Marcelo; MOLLO, Helena M.; MARTINS, Estevão. Introduction to the special issue Brazilian historiography. *Historein*, v. 17, p. 1-9, 2017.

AGAMBEN, Giorgio. *Infazia e Storia.* Torino: Einaudi, 2001.

AGAMBEN, Giorgio. *O que é o contemporâneo?* Chapecó: Argos, 2009.

ALBUQUERQUE JÚNIOR, Durval Muniz de. As Sombras Brancas. *In*: VARELA, F. *et al.* (Orgs.). *Tempo presente & usos do passado.* Rio de Janeiro: FGV, 2012. p. 51-66.

ALBUQUERQUE JÚNIOR, Durval Muniz de. Um convite à reflexão. *Viomundo*, 15 out. 2010. Disponível em: https://bit.ly/3DfoLiK. Acesso em: 06 out. 2021.

ALEKSIÉVITCH, Svetlana. *O fim do homem soviético.* São Paulo: Cia das Letras, 2016.

ALENCASTRO, Luiz Felipe de. Cotas: prós e contras. *Fundação Perseu Abramo*, 24 mar. 2010. Disponível em: https://bit.ly/3msR1HY. Acesso em: 06 out. 2021.

ARAUJO, Valdei Lopes de. História da historiografia como analítica da historicidade. *História da Historiografia*, v. 6, n. 12, p. 34-44, 2013.

ARENDT, Hannah. *Verdade e política.* Lisboa: Relógio D'Água Editores, 1995.

ASSMANN, Aleida. *Espaços da recordação.* Campinas: Editora da Unicamp, 2011.

AUGÉ, Marc. *Les formes de l'oubli.* Paris: Payot & Rivages, 1998.

AVELAR, Alexandre S.; BENTIVOGLIO, Julio (Orgs.). *O futuro da história*: da crise à reconstrução de teorias e abordagens. Vitória: Milfontes, 2019.

AVELAR, Alexandre. S.; FARIA, Daniel. A. B.; PEREIRA, Mateus. H. F. Contribuições à história intelectual do Brasil Republicano: desafios contemporâneos. *In*: AVELAR, Alexandre. S.; FARIA, Daniel. A. B.; PEREIRA, Mateus. (Orgs.). *Contribuições à história intelectual do Brasil Republicano.* Ouro Preto: EDUFOP, 2012. p. 12-25.

AVELAR, Alexandre. S.; PEREIRA, Mateus H. F. Ethics, present time and memory in Brazilian journals of history, 1981-2014. *Historein*, v. 17, p. 1-20, 2018.

AVRITZER, Leonardo. *Impasses da democracia no Brasil.* Rio de Janeiro: Civilização Brasileira, 2016.

REFERÊNCIAS

BALDO, Tommaso. I "45 cavalieri" di Wikipedia. Da chi e cosa è libera l'enciclopedia libera? *Giap*, 2015.

BALDO, Tommaso. Riflessioni sulla narrazione storica nelle voci di Wikipedia. *Diacronie. Studi di Storia Contemporanea*, n. 29, 2017.

BARTHES, Roland. *O rumor da língua*. São Paulo: Martins Fontes, 1984.

BAUER, Caroline Silveira. *Brasil e Argentina*: ditaduras, desaparecimentos e políticas de memória. Porto Alegre: Medianiz, 2014.

BAUER, Caroline Silveira. Breves considerações sobre os lugares dos historiadores e da história na sociedade brasileira. *História da Historiografia*, v. 1, p. 167-175, 2017a.

BAUER, Caroline Silveira. *Como será o passado?* História, historiadores e a Comissão Nacional da Verdade. Jundiaí: Paco Editorial, 2017b.

BÉDARIDA, François. *Histoire, critique et responsabilité*. Bruxelas: Complexe, 2003.

BENTIVOGLIO, Julio C. Os pontos cegos da História: a produção e o direito ao esquecimento no Brasil. *OPSIS*, v. 14, p. 378-395, 2014.

BERGSON, Henri. *Le souvenir du présent et la fausse reconnaissance*. Paris: PUF, 2012.

BERGSON, Henri. A lembrança do presente e o falso reconhecimento. Tradução de Jonas Gonçalves Coelho. *Trans/Form/Ação*, Marília, v. 29, n. 1, 2006.

BERGSON, Henri. *Matéria e Memória*. São Paulo: Martins Fontes, 1999.

BEVERNAGE, Berber. *History, Memory and State-sponsored Violence*. London: Routledge, 2012.

BIANCHI, Guilherme. Arquivo histórico e diferença indígena. *Revista de Teoria da História*, v. 22, p. 264–296, 2019.

BIANCHI, Guilherme. Passados que persistem na Amazônia peruana. *História da Historiografia*, v. 11, p. 166-194, 2018.

BLANCHARD, Pascal; VEYRAT-MASSON, Isabelle. Les guerres de memoires. *In*: BLANCHARD, Pascal; VEYRAT-MASSON, Isabelle. (Orgs.). *Le guerre de mémoires*. Paris: La Découverte, 2008. p. 15-49.

BLUMENBERG, Hans. *The Legitimacy of the Modern Age*. Cambridge: MIT Press, 1983.

BOBBIO, Norberto; MATEUCCI, Nicola; PASQUINO, Gianfranco. *Dicionário de Política*. Vol. 1. Brasília: Universidade de Brasília, 2004.

CAMUS, Albert. *Estado de Sítio*. Rio de Janeiro: Civilização Brasileira, 2002.

CARR, David. *Experience and History*. Oxford: Oxford University Press, 2014.

CARR, David. *Time, Narrative and History*. Indianapolis: Indiana University Press, 1991.

CARVALHO, Augusto; MENDES, Breno; RAMALHO, Walderez (Orgs.). Introdução. *In*: CARVALHO, Augusto; MENDES, Breno; RAMALHO, Walderez. *Sete ensaios sobre história e existência*. Porto Alegre: Fi, 2018. p. 11-21.

CARVALHO, José Murilo. *Cidadania no Brasil*. Rio de Janeiro: Civilização Brasileira, 2014.

CASTELLS, Manuel. *A sociedade em rede*. São Paulo: Paz e Terra, 2011.

CERQUEIRA, Adriano; MOTTA, Rodrigo Patto Sá. Memória e esquecimento. *In*: QUADRAT, Samantha *et al*. *História e memória das ditaduras do século XX*. Rio de Janeiro: FGV, 2015. p. 157-183.

CEZAR, Temistocles. Presentismo, memória e poesia. *In*: PESAVENTO, S. J. (Org.). *Escrita, linguagem, objetos*: leituras de história cultural. Bauru: EDUSC, 2004. p. 43-80.

CHARTIER, Roger. *Et pourtant*. 2012. Disponível em: https://bit.ly/3uQ9K46. Acesso: 07 set. 2013.

CHUN, Wendy Hui Kyong. *Updating to Remains the Same*: Habitual New Media. Cambridge, Massachusetts: The MIT Press, 2016.

COSCARELLI, Carla (Org.). *Hipertextos na teoria e na prática*. Belo Horizonte: Autêntica, 2012.

CROCE, Benedetto. História e crónica. *In*: GARDINER, Patrick. *Teorias da História*. Lisboa: Gulbenkian, 2004. p. 35-53.

D'ANDREA, Carlos F. de B. Processos editoriais na Wikipédia. *In*: COSCARELLI, Carla Viana (Org.). *Tecnologias para aprender*. São Paulo: Parábola, 2016. p. 135-144.

DARNTON, Robert. *A questão dos livros*. São Paulo: Cia das Letras, 2009.

DE CARVALHO, Augusto. A estrutura ontológica do tempo presente. *Tempo e argumento*, v. 10, p. 43-63, 2018.

DE CARVALHO, Augusto. *História do passado*. Tese (Doutorado em História), Faculdade de Filosofia e Ciências Humanas, Universidade Federal de Minas Gerais. Belo Horizonte, 2017.

DE GROOT, Jerome. *Consuming history*. London: Routledge, 2009.

DELACROIX, Christian. Demande sociale et histoire du temps présent, une normalisation épistémologique? *Espaces Temps*. Paris, n. 84-86, 2004.

DELEUZE, Gilles. *Le Bergsonismo*. Paris: PUF, 1999.

DUARTE, Geni Rosa; CERRI, Luis Fernando. Politização e consciência histórica em jovens brasileiros, argentinos e uruguaios. *Diálogos*, v. 16, p. 229-259, 2012.

DURING, Élie. Présentation et Dossier Critique. *In:* BERGSON, Henri. *Le souvenir du présent et la fausse reconnaissance*. Paris: PUF, 2012. p. 7-53.

DUTRA, Eliana de Freitas. A Memória em três atos. *Revista USP*, v. 98, p. 69-86, 2013.

ECO, Umberto. *Apocalípticos e integrados*. São Paulo: Perspectivas, 2008.

FERNANDES, Dmitri C; VIEIRA, Allana. M. A direita mora do mesmo lado da cidade. *Novos Estudos Cebrap*, v. 38, p. 157-182, 2019.

FERNANDES, Juliana Ventura. Ordem e consenso: memória e representação do passado no debate contemporâneo sobre a anistia. *In:* AVELAR, A. *et al.* (Orgs.). *Contribuições à história intelectual do Brasil Republicano*. Ouro Preto: EDUFOP/PPGHIS, 2012. p. 177-194.

FICO, Carlos. Ditadura militar brasileira: aproximações teóricas e historiográficas. *Tempo e Argumento*, v. 9, p. 05-74, 2017.

FICO, Carlos. História do Tempo Presente, eventos traumáticos e documentos sensíveis: o caso brasileiro. *Varia história*, v. 28, n. 47, p. 43-59, 2012.

FICO, Carlos. *O grande irmão*. Rio de Janeiro: Civilização Brasileira, 2008.

FILHO, Celio Costa. *Wikipédia de A a Z*. São Paulo: Wikimedia Foudation, 2015.

FREUD, Sigmund. A negação. *In*: FREUD, Sigmund. *Obras completas.* São Paulo: Cia das Letras, v. 16, 2012. p. 275-281.

GAGNEBIN, Jeanne Marie. O preço de uma reconciliação extorquida. *In*: SAFATLE, Wladimir; TELES, Edson (Orgs.). *O que resta da ditadura.* São Paulo: Boitempo Editorial, 2010. p. 177-186.

GAGNEBIN, Jeanne Marie. Enterrer les morts. *In*: DOSSE, François; GOLDENSTEIN, Catherine (Orgs.). *Paul Ricœur*: penser la mémoire. Paris: Seuil, 2013. p. 149-164.

GARAPON, Antoine. *Peut-on réparer l'histoire?* Paris: Odile Jacob, 2008.

GARCIA, Patrick. Histoire du temps présent. *In*: DELACROIX, C. *et al.* (Dir.). *Historiographies I*: concepts et débats. Paris: Gallimard, 2010. p. 254-263.

GIL, José. *Portugal, hoje*: o medo de existir. Lisboa: Relógio d'água, 2005.

GUIMARÃES, Manoel L. Salgado. O presente do passado. *In*: ABREU, M. *et al. Cultura política e leituras do passado.* Rio de Janeiro: Civilização Brasileira, 2007. p. 23-43.

GUMBRECHT, Hans U. Entrevista. *Humanidades*, Brasília, v. 58, 2011.

HAN, Byung-Chul. *A sociedade da transparência.* Lisboa: Relógio D'água, 2014.

HAN, Byung-Chul. *No Enxame*: reflexões sobre o digital. Lisboa: Relógio D'água, 2016.

HARTOG, François. *Croire en l'histoire.* Paris: Flamarion, 2013.

HARTOG, François. *Régimes d'historicité.* Paris: Seuil, 2003.

HUYSSEN, Andreas. *Culturas do passado-presente.* Rio de Janeiro: Contraponto, 2014.

JANKÉLÉVITCH, Vladimir. *L'Irréversible et la nostalgie.* Paris: Flamarion, 1974.

KEEN, Andrew. *Vertigem digital:* porque as redes sociais estão nos dividindo, diminuindo e desorientando. Rio de Janeiro: Zahar, 2012.

KLEN, Bruna; PEREIRA, Mateus H. F.; ARAUJO, Valdei L. (Orgs.). *Do fake ao fato*: (des)atualizando Bolsonaro. Vitória: Mil Fontes, 2020.

KOSELLECK, R. *Futuro Passado.* Rio de Janeiro: PUC-Rio, 2006.

KOSELLECK, Reinhart. *Estratos de tempo*. Rio de Janeiro: Contra-ponto; Puc-Rio, 2014.

LAVILLE, Christian. A guerra das narrativas. *Revista Brasileira de História*, v. 19, n. 38, p. 125-138, 1999.

LÉVI-STRAUSS, Claude. *O Pensamento Selvagem*. São Paulo: Cia Editora Nacional, 1976.

LUCCHESI, Anita. Conversas na antessala da academia: o presente, a oralidade e a história pública digital. *Revista História Oral*, v. 17, p. 39-69, 2014.

MALERBA, Jurandir. Os historiadores e seus públicos: desafios ao conhecimento histórico na era digital. *Revista Brasileira de História*, v. 37, n. 74, 2017.

MARCELINO, Douglas A. (Org.). *Ritualizações do passado*: a história como prática escrita e rememorativa. Curitiba: CRV, 2020.

MARCELINO, Douglas A. *Historiador, fotógrafo da morte*: a escrita da história a partir de cinco filmes (ebook). Belo Horizonte: Fino Traço, 2021.

MARGALIT, Avishai. *L'etica della memoria*. Bologna: Il Mulino, 2006.

MENDES, Breno. *A representação do passado histórico em Paul Ricœur*. Porto Alegre: Editora FI, 2019.

MENDES, Breno. A representância do passado histórico em Paul Ricœur: linguagem, narrativa, verdade. *História da Historiografia,* Ouro Preto, n. 19, p. 88-106, 2015.

MERZEAU, Louise. Guerres de mémoires online. *In*: BLANCHARD, Pascal; VEYRAT-MASSON, Isabelle (Orgs.). *Le guerre de mémoires*. Paris: La Découverte, 2008. p. 78-101.

MEYER, Emílio P. *Ditadura e responsabilização*: elementos para uma justiça de transição no Brasil. Belo Horizonte: Arraes Editores, 2012.

MORO, Sergio Fernando. Considerações sobre a Operação Mani Pulite. *Revista CEJ*, Brasília, v. 26, p. 56-62, 2004.

MOTTA, Rodrigo Patto Sá. Cultura política e ditadura: um debate teórico e historiográfico. *Tempo e Argumento*, v. 10, p. 109-137, 2018.

NAPOLITANO, Marcos. Desafios para a História nas encruzilhadas da memória: entre traumas e tabus. *História, Questões e Debates*, v. 68, p. 18-52, 2020.

NASCIMENTO, Abidias. *O genocídio do negro brasileiro*. Rio de Janeiro: Paz e Terra, 1978.

NETO, Mauro Franco. *A perenidade de uma questão*. Tese (Doutorado em História), Instituto de Ciências Humanas e Sociais, Universidade Federal de Ouro Preto. Ouro Preto, 2020.

NICODEMO, Thiago Lima; PEREIRA, Mateus H. F.; SANTOS, Pedro A. C. Brazilian Historiography in the 20th Century. *In*: BEEZLEY, William H. (ed.). *Oxford Research Encyclopedia of Latin American History*. Oxford: Oxford University Press, v. 1, p. 25-48, 2020.

NICOLAZZI, Fernando. 2019. 1 vídeo (21 min). Publicado pelo canal Historiar-se. Disponível em: https://bit.ly/3mu1XFb. Acesso em: 06 jul. 2020.

NICOLAZZI, Fernando. Paul Ricœur (1913-2005). *In*: PARADA, Maurício (Org.). *Os historiadores clássicos da história*. Petrópolis: Vozes, v. 3, 2014. p. 15-45.

NOBRE, Marcos. *Imobilismo em movimento*. São Paulo: Cia das Letras, 2013.

NOIRET, Serge. História digital pública. *Liinc em Revista*, v. 11, p. 28-51, 2015.

NOIRIEL, Gérard. *Qu'est-ce que l'histoire contemporaine?* Paris: Hachette, 1998.

OLIVEIRA, M. da Glória de. Os sons do silêncio: interpelações feministas decoloniais à história da historiografia. *História da Historiografia*, v. 11, 2018a.

OLIVEIRA, Maria da Glória; GONTIJO, Rebeca. Sobre a história da historiografia brasileira: um breve panorama. *Revista do Instituto Histórico e Geographico Brazileiro*, v. 177, p. 13-37, 2016.

OLIVEIRA, Rodrigo Perez. O bacharelismo interventor no pensamento político brasileiro. *Revista Estudos de Política*, v. 10, 2020.

OLIVEIRA, Rodrigo Perez. O engajamento político e historiográfico no ofício dos historiadores brasileiros. *História da Historiografia*, p. 127-222, 2018b.

OLIVEIRA, Rodrigo Perez. O significado do conceito de "corrupção" na semântica política da crise brasileira (2013-2016). *Anos 90,* Porto Alegre, v. 25, p. 379-408, 2018c.

ORFALI, Kristina. Um modelo de transparência: a sociedade sueca. *In:* PROST, Antoine; VINCENT, Prost (Org.). História da vida privada, 5: Da Primeira Guerra a nossos dias. São Paulo: Companhia das Letras, 1987. p. 536-566.

PAIVA, Marcelo Rubens. *Ainda estou aqui.* Rio de Janeiro: Objetiva, 2015.

PALETSCHEK, Sylvia; KORTE, Barbara (Orgs.). *Popular History Now and Then:* International Perspectives. Piscataway: Transcript-Verlag, 2012.

PALTI, Elias (Org.). *Giro linguístico e história intelectual.* Buenos Aires: Universidad Nacional de Quilmes, 1998.

PASSERON, Jean-Claude; REVEL, Jacques. *Penser par cas.* Paris: EHESS, 2005.

PEREIRA, Ana Carolina Barbosa. *Na Transversal do Tempo:* natureza e cultura à prova da História. Salvador: EDUFBA, 2019.

PEREIRA, Ana Carolina Barbosa. Precisamos falar sobre o lugar epistêmico na Teoria da História. *Tempo e Argumento,* Florianópolis, v. 10, n. 24, p. 88-114, 2018.

PEREIRA, Luisa Rauter. As Temporalidades do Evento Junho de 2013 no Brasil. *In:* PEREZ, Rodrigo; PINHA, Daniel (Org.). *Tempos de Crise:* ensaios de história política. Rio de Janeiro: Autografia, 2020. p. 151-180.

PEREIRA, Mateus H. F. *A Máquina da Memória/Almanaque Abril:* o tempo presente entre a história e o jornalismo. Bauru: EDUSC, 2009.

PEREIRA, Mateus H. F.; ARAUJO, Valdei L. *Atualismo 1.0.* Vitória: Editora Milfontes/Mariana: Editora da SBTHH, 2019.

PEREIRA, Mateus H. F.; ARAUJO, Valdei L. Vozes sobre Bolsonaro: esquerda e direita em tempo atualista. *In:* KLEIN, Bruna *et al.* (Org.). *Do fake ao fato:* Des(atualizando) Bolsonaro. Vitória: Milfontes, 2020. p. 115-140.

PEREIRA, Mateus H. F.; ARAUJO, Valdei L.; MARQUES, Mayra. *Almanaque da covid-19.* Vitória: Milfontes, 2020.

PEREIRA, Mateus Henrique de Faria; ARAUJO, Valdei Lopes. Atualismo: Pandemia e historicidades no interminável 2020. Estudos Ibero-Americanos, v. 47, n. 1, 2021.

PEREIRA, Mateus H. F.; DA MATA, Sergio. Introdução. *In:* VARELLA, F. *et al.* (Org.). *Tempo presente & usos do passado.* Rio de Janeiro: FGV, v. 1, 2012. p. 09-30.

PEREIRA, Mateus H. F.; HERMETO, Miram. Justa memória, dívida ética e passados-presentes dolorosos. *In*: MAIA, Tatyana A. *et al*. (Orgs.). *(Re)construindo o passado*. Porto Alegre/BR; Porto/PT: EDIPUCRS-CITCEM, 2016. p. 150-168.

PHILIPS, M. S. *Society and Sentiment*: Genres of Historical Writing in Britain, 1740-1820. Princeton: Princeton University Press, 1997.

PHILLIPS, Murray. Wikipedia and History. *The Journal of Theory and Practice*, 2015.

PIERUCCI, Antônio. F. As bases da nova direita. *Novos Estudos*, n. 19, p. 26-45, 1987.

PIGLIA, Ricardo. *O último leitor*. São Paulo: Cia das Letras, 2004.

PIMENTA, João Paulo *et al*. A Independência e uma cultura de história no Brasil. *Almanack*, Guarulhos, n. 8, p. 05-36, 2014.

PINHA, Daniel; PEREIRA, Mateus H. F. Sergio Moro negacionista? *Revista Brasileira de História*, São Paulo, v. 41, n. 87, p. 135-159, 2021.

POMIAN, Krzysztof. Evento. *Enciclopédia Einaudi*, Impressa Nacional, n. 29, 1993.

PORTELLI, Alessandro. *L'ordine è già stato eseguito*. Roma: Donzelli, 2005.

PRONER, C.; ABRÃO, Paulo (Orgs.). *Justiça de Transição*: reparação, verdade e justiça: perspectivas comparadas Brasil-Espanha. 1. ed. Belo Horizonte: Fórum, 2013.

PROST, Antoine. L'histoire du temps présent. *Cahiers d'histoire immediate*, n. 30-31, 2007.

QUADRAT, Samantha. Ditadura, violência política e direitos humanos na Argentina, no Brasil e no Chile. *In*: AZEVEDO, Cecília; RAMINELLI, Ronald (Orgs.). *História das Américas*. Rio de Janeiro: FGV, 2011. p. 241-273.

QUADRAT, Samantha. The Historian's Role, Public History, and the National Truth Commission in Brazil. *International Public History*, v. 3, p. 01-07, 2020.

RAMALHO, Walderez. Reinterpreting the "times of crisis" based on the asymmetry between chronos and kairos. *História da Historiografia*, v. 14, p. 115-144, 2021.

REFERÊNCIAS

RANCIÈRE, Jacques. *O ódio à democracia*. São Paulo: Boitempo, 2014a.

RANCIÈRE, Jacques. *Os nomes da história*. São Paulo: Editora Unesp, 2014b.

RANGEL, Marcelo de Mello. Temporalidade e felicidade hoje. *Revista ArteFilosofia*, v. 25, p. 52-67, 2018.

RANGEL, Marcelo M.; ARAUJO, Valdei L. Teoria e história da historiografia: do giro linguístico ao giro ético-político. *História da historiografia*, n. 17, p. 318-332, 2015.

REVEL, Jacques (Org.). *Jogos de escalas*. Rio de Janeiro: FGV, 1998.

REVEL, Jacques. *História e historiografia*. Curitiba: Ed. UFPR, 2010.

RICŒUR, Paul. A marca do passado. *História da Historiografia*, v. 5, n. 10, p. 329-349, 2012.

RICŒUR, Paul. *A memoria, a história, o esquecimento*. Campinas: Unicamp, 2007.

RICŒUR, Paul. *L'idéologie et l'utopie*. Paris: Seuil, 1997.

RICŒUR, Paul. *Percurso do reconhecimento*. São Paulo: Loyola, 2006.

RICŒUR, Paul. *Soi-même comme un autre*. Paris: Seuil, 1990.

RODRIGUES, Lidiane S. Uma revolução conservadora dos intelectuais (Brasil/2002-2016). *Política & Sociedade*, v. 17, p. 277-312, 2018.

ROSENZWEIG, Roy. *Clio Wired*. New York: Columbia, 2011.

ROUANET, Sergio Paulo. Universalismo concreto e diversidade cultural. *In*: VIEIRA, Liszt. *Identidade e Globalização*. Rio de Janeiro: Record, 2009. p. 15-31.

ROUQUIÉ, Alain. *Le Brésil au XXIe. Siècle*. Paris: Fayard, 2006.

SAFATLE, Vladmir. *O circuito dos afetos*. São Paulo: Cosac & Naify, 2015.

SAFATLE, Vladmir. *A esquerda que não teme dizer seu nome*. São Paulo: Três Estrelas, 2012.

SANTOS, Pedro A. C dos.; NICODEMO, Thiago L.; PEREIRA, Mateus H. F. Historiografias periféricas em perspectiva global ou transnacional: o eurocentrismo em questão. *Estudos Históricos*, v. 30, p. 161-186, 2017.

SANTOS, Wagner G. *A invenção da historiografia brasileira*. Vitória: Milfontes, 2020.

SCHMIDT, Benito. Années de plomb: la bataille des mémoires sur la dictature civile-militaire au Brésil. *Cahiers d'Histoire*, Revue d'histoire critique, v. 99, p. 85-102, 2006.

SCHNEIDER, Nina. Breaking the "Silence" of the Military Regime. *Bulletin of Latin American Research*, v. 30, n. 2, p. 198-212, 2011.

SEIXAS, Jacy A. Percursos de memória em terras de história. *In*: BRESCIANI, Stella; NAXARA, Márcia (Orgs.). *Memória e (res)sentimento*. Campinas: Unicamp, 2001. p. 37-58.

SELIGMANN-SILVA, Marcio. Imagens precárias. *Estudos de Literatura Brasileira Contemporânea*, n. 43, p. 13-34, 2014.

SIBILIA, Paula. "Você é o que Google diz que você é": a vida editável, entre controle e espetáculo. *InTexto*, p. 214-231, 2018.

SILVA, Caio; KALIL, Luiz. A conquista do México entre o passado e o presente. *HH Magazine*, Mariana, n.p., 19 de junho de 2019.

SILVEIRA, Pedro Telles da. As fontes digitais no universo das imagens técnicas: crítica documental, novas mídias e o estatuto das fontes históricas digitais. *Antíteses*, v. 9, n. 17, p. 270-296 2016a.

SILVEIRA, Pedro Telles da. Da história instantânea ao arquivo infinito. *Faces da História*, v. 3, n. 2, p-24-42, 2016b.

SILVEIRA, Pedro Telles da. *História, técnica, novas mídias: reflexões sobre a história na era digital*. Instituto de Filosofia e Ciências Humanas, Universidade Federal do Rio Grande do Sul. Porto Alegre, 2018.

SILVEIRA, Pedro Telles da. Lembrar e esquecer na internet. *Varia História*, v. 37, p. 287-321, 2021.

SIMMEL, George. A sociologia do segredo e das sociedades secretas. *Revista de Ciencias Humanas*, Florianópolis, v. 43, n. 1, p. 219-242, 2009.

SOUZA, Jessé. Les journées de Juin et l'inegalité brésilienne. *Les Temps Modernes*, v. 678, 2014.

TEIXEIRA, Mauro Eustáquio. *Revanche dos vencedores*: história, memória e luta política no Orvil. Dissertação (Mestrado em História). Instituto de Ciências Humanas e Sociais, Universidade Federal de Ouro Preto. Ouro Preto, 2012.

TELES, Edson; SAFATLE, Vladmir (Orgs.) *O que resta da ditadura*. São Paulo: Boitempo, 2010.

THOMPSON, John. B. Fronteiras cambiantes da vida pública e privada. *MATRIZes*, v. 4, n. 1, p. 11-36, jul./dez. 2010.

VALENCIA-GARCÍA, Dean Louie (Org.). *Far-Right Revisionism and the End of History*. New York: Routledge, 2020.

VANDENDORPE, Christian.Le phénomène Wikipedia.*Le Débat*, Paris, 2008.

VARELLA, Flávia F.; BONALDO, Rodrigo. B. Negociando autoridades, construindo saberes: a historiografia digital e colaborativa no projeto Teoria da História na Wikipédia. *Revista Brasileira de História*, v. 40, p. 147-170, 2020.

VARGAS, Mariluci C. Trabalho de memória sobre temas sensíveis e a escrita da história. *Revista de História das Ideias*, v. 39, p. 97-117, 2021.

VECCHI, Roberto Vecchi. Uma política da vítima: a literatura brasileira, o Quarup dos vencidos. *Revista Iberoamericana*, n. 86, p. 421-430, 2020.

VECCHI, Roberto. Pós-memória e filomela. *In*: MEDEIROS, *et al.* (Orgs.). *Teoria e historiografia*.Jundiaí: Paco, 2015. p. 39-56.

VIDAL-NAQUET, Pierre. *Los asesinos de la memoria*. Madrid: Siglo Veintiuno, 1994.

VINCENT, Gerard. Segredos da história e história do segredo. *In*: PROST, Antoine; VINCENT, Gerard. *História da Vida Privada 5*. São Paulo: Cia das Letras, 1995. p. 137-178.

VIRNO, Paolo. *Il ricordo del presente*. Torino: Bollati Boringhieri, 1999.

VIRNO, Paolo. *Saggio sulla negazione*. Torino: Bollati Boringhieri, 2013.

VOIGT, Andre F. *Jacques Rancière e a história*. Uberlândia: Edição do autor, 2019.

WEINRICH, Harald. *Lete*. Rio de Janeiro: Civilização Brasileira, 2001.

WHITE, Hayden. *La ficción de la narrativa*. Buenos Aires: Eterna Cadência, 2011.

WHITE, Hayden. O passado prático. *Artcultura*, p. 9-19, 2018.

YURCHAK, Alexei. *Everything Was Forever, Until it Was no More:* The Last Soviet Generation. Princeton-Oxford: Princeton University Press, 2006.

ZUBOFF, Shoshana. *A Era do Capitalismo de Vigilância*: A luta por um futuro humano na nova fronteira do poder. Rio de Janeiro: Intrínseca, 2019.

A tumba de Simônides

Calímaco, frag. 64

Nem Camarina – mau tamanho! – tanto aterra
Quanto de um homem pio a tumba revolver:
Pois meu sepulcro, certa vez, que em Agrigento
Os cidadãos, por Zeus, ergueram, reduziu-o
A pó um tipo mau; o conheces talvez:
É Fênix, mandachuva tenaz da Cidade.
Minha campa na torre ergueu, mas a inscrição
Desprezou: 'aqui jaz o filho de Leoprepes,
Divo homem de Ceos que prodigiosas coisas
Descobriu, e a Memória bem antes de todos.'
Dióscuros, por vós não cedeu! Nem por vós!
Que do teto fatal me salvastes a vida,
Da minha tão só, quando o palácio de Crânon
Ruiu sobre a cabeça do afamado Escopas

(Tradução do grego: Alexandre Agnolon).

Imagem 13. Só lembrar não basta!
(Cartaz da exposição "Non basta ricordare", realizada em 2013, no Museo Nazionale delle Arti del XXI, Roma, Itália).

Este livro foi composto com tipografia Bembo Std e impresso
em papel Off-White 80 g/m² na Formato Artes Gráficas.